天人《あまひと》に還る

岡田多母
地球《テラ》の語り部

風雲舎

『天人《あまひと》に還る』……目次

（第４章）時を読む……91

〈第7章〉大浄化《アセンション》……155

カバー装丁……山口 真理子
本文構成……リエゾン
校正……鷗来堂

（第1章）

「ここはどこ？」

「この赤ん坊は3日ともたない」

「なんかヘン……?」と思ったのは、たしか2歳ぐらいのころです。

ここってどこ? なんか違う、知っているところと違う。別の星に来てしまったの?

なぜか私には、別の人生の記憶がぼんやりとあったのです。大地があって、空気があって、風が吹いて、人がいて、笑い声が響いて、楽しく暮らしていた……そんな記憶です。

でも、ここは違う……はっきりわからないけれど、でも違う。理由はわからないけど、違う……と感じていました。そのせいか、いつもボーッとしていたようです。みんなが当たり前のように生きているのに、私はなじめませんでした。

私は埼玉県秩父市で生まれました。

秩父は山に囲まれた盆地です。秩父神社、今宮神社、三峯《みつみね》神社、宝登山《ほどさん》神社など由緒ある神社の多い町です。そのご神体の多くは山。遠く室町時代から信仰を集めていたという34カ所の観音札所《かんのんふだしょ》もあり、巡礼者の姿は絶えることがありません。自然の中を歩くハイカーも大勢います。

池袋から特急に乗って終点の西武秩父駅に降りると、目の前に武甲山《ぶこうさん》がどっしりと鎮座し

ています。ああ着いた……とホッとするのです。穏やかで、どこか厚みのある空気。それが心地よいのです。

私の生家は秩父神社近くにある大きな旅館でした。父親は旅館の一角で産婦人科医院を開業し、看護婦さん、患者さん、それに旅館の仲居さんやお客さままで大賑わい。たくさんの人に囲まれて育ちました。

生まれたときはチアノーゼ状態だったそうです。生来の虚弱体質。「この赤ん坊は３日ともたない」とお医者さまに言われたそうです。気をつけて育てなければと、両親は私が外で遊んだり走り回ったりするのを禁止。家で静かにしていなさいといわれ、大事に、慎重に育てられました。お医者さまが、その時代では珍しいお薬で体質改善を図ってくれたそうです。

そのおかげでだんだん体力がつき身体も調ってきました。でもなぜか、いつもだるい。息が上がる。顔が青くなる。水の中に長くいられない。今でもお風呂が苦手なのはそのせいでしょうか。水が重くて、疲れてしまうのです。

幼少期は、部屋の中でひとり空想するばかり。というより、自分の仲間と遊んでいたのです。いのちの仲間。窓から見える木々、差し込む日差し、母のお気に入りの花瓶に活けられたチューリップ、山際にのぞく朧月《おぼろづき》の光――いのちの仲間はたくさんいて、いろんなことを教えてくれました。いのちは形を変えながら生きています。木という形をしたいのち、花という形のいのち。鳥、虫、獣、人、星、月、太陽というそれぞれのいのち。

いのちはきれい。形は違っても、いのちは同じ。根っこでひとつ。大事な家族。そんな仲間と語ったりしていると、寂しくなんかありませんでした。

でも、いつも独り遊びしているせいか、両親やまわりは「この子はちょっとおかしいんじゃないか、幻を見たり聞いたりしているんじゃないか」と思ったようです。祖母は「何かが憑《つ》いているんじゃないか」と御嶽山《おんたけさん》の行者を呼んだり、秩父神社でお祓いを、宝登山神社で「疳《かん》の虫封じ」をしてもらったりと、憑きもの払いで大変だったそうです。

蘇った過去世

ずっと感じていたこの違和感の正体をはっきり知ったのは、小学3年生のある日の出来事のときです。私は、勢いよくブランコを漕いでいました。ピューンと空気を切るのが気持ちよく、高く、もっと高く、もっともっと高く、と夢中でした。最高の、最高潮に達し（あ、空を飛べる……）と思った瞬間手が離れ、空中に放り出されました。一瞬、私は確かに空を飛んでいたのです。でも……弧を描くようにドーンと地面に落下しました。その瞬間、「あ……前にも同じことがあった」と、遠い記憶が蘇ったのです。

遠い記憶――。

私は空中高いところを飛ぶように歩いていました。まわりのみんなもポーンポーンとトランポリンでジャンプするように、軽々と飛翔していました。大気や重力が今とは違っていたのでしょう。身体は軽く、空高くジャンプできたのです。

楽しかった、気持ちがよかった。

そこへ突然下から「おーい！」と友だちが呼ぶ声。

下を向いた瞬間、私はバランスを崩して、地面に落っこちてしまったのです。

――バーンと一気に思い出した記憶。

私がこの大地に初めて生まれたときの記憶。

名前はアイル。５歳ぐらいの男の子。

私の家は祈りを捧げる役割で、お日さまやお月さま、生きもの、まわりにあるもの全てに感謝の祈りを捧げていました。穏やかな天候と収穫。人々が健やかに暮らせるように、まわりの全てに祈り、感謝して生きていました。

食べるのは植物や木の実。「採集」という意図はなく、おなかが空いたら、必要なものを食べる。台所も火もありません。そんなにたくさん食べる必要もなかったのです。

四季はなく、温暖で過ごしやすい気候。雨もほとんど降らず、たまに霧がかかるくらいでした。家は、柱に屋根をかけた小屋のようなもの。そんな家々に、人が集まっていました。好きなところ、いっしょにいたい人のところへ行き、そこで暮らす。アイルがいた家も、生まれた家ではありません。そもそも父親、母親が誰かもわかりません。アイルという名前も、最初からあったわけではなく、好きで居ついた祈りの家の家長に、「アイル」と呼ばれるようになったのです。

好きなこと、やりたいことをすることが生きること。「仕事」という概念はありません。食べるものに困らず、争いやお金の問題もない。怒りも、奪うことも、戦うこともない。平和で、みんなが当たり前のように互いを思って生きていました。

言葉もそんなに多くなく、単純な言葉ばかり。テレパシーでコミュニケート（共感）していました。複雑な思考はなく、日々生きて、お互いの好意と調和を感じるだけ。考えも暮らしもシンプルでした。

みんな穏やかで、病気もなく苦労もありません。明日の食べ物の心配もない。天変地異もない、不安もない。あのころの寿命はおそらく2千年くらいあったのではないでしょうか。

大地は土とマグマからできた物体ではなく、意識をもった生命体。私たちは「テラ」と呼んでいました。テラに「何して遊ぶ？」と問えば、「山で遊ぼう」「川が気持ちいいよ」と返ってきました。テラは土の塊ではなく、いのちをもった、生きている友だちでした。

空を飛んで遊んでいたところに下から「おーい、アイル！」と呼ばれ、ハッと意識がそちらに向いた瞬間、アイルはバランスを崩し地面にたたきつけられたのです。落下する自分の身体を、アイルは上空から眺めていました。子どもだったせいか、まだ肉体と意識とが一体になっていなかったせいかもしれません。


小3のときブランコから手が離れたあの瞬間、私は、遠い記憶を思い出したのです。

「そう、私はアイルだった！」

空中に投げ出され、ドスーンと地べたに落ちたショックで、幼児のときからぼんやりあった記憶が一気に繋がり、自分がアイルだったことをはっきり思い出したのです。


もうひとつはっきりしたのは、今のこの地球は、アイルのときの地球《テラ》とはまったく違っていることでした。テラに「遊ぼうよ」と呼びかけても返事がありません。言葉が通じない、コミュニケートできない――閉ざされた状態。不安と、怖れ。

……本当に、ここはあのテラ？

そういえば、自然も人もあのときとは違う。私はあのテラが大好きだった。いったい、テラに何があったの？　あのころのようにやりとりしたかった。でも……話しかけても、返事がありません。諦めきれずに、毎日毎日話しかけました。ようやくテラから応答があったのは3年後、小学6年生のときです。忘れもしない、こんなメッセージでした。

「私はいのちでしょうか？　それとも、ただの土くれでしょうか？」

驚きました。何という言葉。何という内容でしょう。やるせなくて切なくて、何度も何度も思いを送り返しました。「あなたは生きているのよ」「あなたはいのちよ」と。

そうだ、やっぱりこの星は、あのときと同じ地球《テラ》だ。別の星ではない。はっきりわかりました。ボロボロになって、元気がなくなって、ずいぶん痛めつけられてしまったテラ。かわいそうなテラ。こんな暗く、重くなったテラ。いったい何があったのだろう……？　悲しくなりました。

私はテラへ、「愛しているよ。あなたが大好き」と繰り返し語りかけ、「あなたはただの土くれなんかではありません。いのちですよ」と伝えました。そんなやり取りをしていくうちに、テラは私に少しずつ心を開いてくれたのか、こんな言葉を伝えてくれました。

「あなたが私をいのちと思ってくれるならば、私は太陽系で、銀河系で、光り輝くいのちになりたい」

それがテラの意思だったのです。テラと一緒にその意思を実現させたい。地球と私たちがまた光り輝くために……。私は、そう願うようになりました。

いま、この世界の人たちは、テラを「地球」と呼んでいます。それは、私が知っているテラとは別のもの。「ガイア」と呼ばれることもあるようですが、それも私の知るテラではありません。テラは地球そのもの、生きているいのち。ガイアとは、地球に棲息しているものたちの生命のこと。みんなは地球をモノだと認識しているのです。地球上の生きものの生命は気にするけれど、地球そのものを「生きもの」として意識しているわけではないようです。

「違うんだよ、それは！」と私はずっと心のなかで叫んでいました。

天のオヤ

私の戸籍上の名前は則子《のりこ》です。でも、生まれたときからいつも誰かがそばにいて、小さな囁き声で、私に「タ……モ……」と呼びかけてくるのです。「タ……モ……」は私を呼ぶときに発せられる音《おん》のような響き。誰かさんの姿形は目に見えませんが、いつも私を大事に包み込んでくれました。その響きを感じて私は大きくなりました。

「タ……モ……」は「タモ」となり、「多母」となりました。成人した私を観じたある覚者が、「タモ」に「多母」と漢字を当ててくださったのです。

誰かさんは言葉で話しかけてくるわけではありません。でも、なにか大事なことを教えてくれているらしく、その響きのなかにいると、大きなものに守られているようで、安心でした。私にとって誰かさんは目に見えない天のオヤで、現実の親よりも親しみを感じていました。あのころ私は、「誰にでも実の親と天のオヤ。２組の親がいる」と本気で思っていたのです。

やりとりしていたのは見えないオヤだけではありません。風の音、木の揺れや、ざわめき、花も鳥も、犬や猫も、まわりの自然も仲間。姿形は違っているけれど仲間。アスカ（太陽）やミヌモ（月）と挨拶し、言葉を交わしていました。みんな、人間と同じように個性があり性格がありました。朝になると、日の出と共にまず草が、次いで花、木が目覚め、鳥たちはずいぶんお寝坊でした。

「アスカ、今日のお目覚めはいかが？　ご機嫌は？」「テラは、元気？」「風さん、天気は大丈夫？」「鳥さん、今日の空気は甘い？」

思いのままを口にし、仲間の響きを感じながらおしゃべりしていました。

透けて見えた

自分が見たもの、聞いたもの、感じたことがよく現実になりました。

誰かが頭のなかで思っていることが、マンガの吹き出しのようにはっきりわかるのです。

「おなかが空いた」「あんなやつ、大嫌い」――みんなの思いが透けて見えるのです。口で言っていることと思っていることは違うとわかったのも、そのころです。

明日誰かがやってくるとわかるのは、いつもと違う人の姿が目に浮かぶから。大嵐が来るとわかるのは空の動きが変わるから。あの人が近いうちに死ぬとわかるのは、身体の生き生きした勢いが消え、灰色のくすんだ肌が重なって見えるから。

幽霊もよく見ました。ひっそり佇んでいるのです。普通と違うのは、色が薄く、グレーがかっていて、向こうが透けて見えることです。でも「生きている人とはちょっと違うな」と思うくらいで、特別怖いこともなく、当たり前のように眺めていました。

「隣のおばあちゃん、明日死んじゃうよ」「ものを盗ったのは、あの人だよ」「あの人、嘘をついてる」なども透けて見えました。

テラのこと、天のオヤのこと、感じたことを口にすると、母は「そういうことは言ってはいけない」と怖い顔できつく封じました。見たこと、感じたことをそのまま正直に言ってはいけないと命じられた私は、アイルだったことやテラのこと、自然の仲間とのやりとりのことを誰にも話さなくなりました。

「ここに生まれたのは、間違いじゃないか」と思ったのは、私がやりとりしている仲間のことを誰もわかっていないと気づいたからです。自然の仲間とやりとりする私。自分はおかしいのだろうか。姿形は違うけれど、みんな大事な仲間。みんな違うから面白い、違うからすてきなのに……なぜ話してはいけないの？

だれにも明かすことはできないとしたら、出口がありません。封じ込められたような圧迫感。そこから、だんだん「自分はおかしい」「自分の居場所はない」「みんなの不幸のタネになっている」と感じるようになったのです。もちろん家族やまわりの人たちは私を大切に育ててくれ、当たり前のように会話も交わしていました。でも（……何か違う、ここじゃない）という思いがいつもつきまとっていました。

いじめられっ子

びっくりしたのは3歳のころ、弟が生まれたとき。

突如、私は「女の子」と区別されました。あなたは女の子、弟は男の子。……なにそれ？私は私なのに。男と女ってなに？　ヘンな感覚。

幼稚園に行くと、その感覚はさらに大きくなりました。私が好きなのは青や水色。赤やピンクは好きじゃない。でも幼稚園では、女の子はピンクのスモックと靴、フリルのついたスカート。私は青が好きなのに、なぜピンク？　誰が決めたの？　なぜ、いつから？

「昔からそうなの」「それが当たり前」と先生たち。でも私には、どうしても理解できません。違和感は消えませんでした。家でも、幼稚園でも、そのような違和感が付きまとっていました。

小学校のあるとき、クラスの男の子が私の鉛筆をこっそり自分のカバンに入れ、それが見つかってみんなが騒いだことがあります。「あの子、私のもの盗んだ」と怒るのがふつうかもしれませんが、私は「よかったらもう１本どうぞ」という感覚。まわりの子は当惑したようです。「鉛筆盗られても怒らない？」「もう１本どうぞだって！」。なんで？　ヘンじゃない？　みんなそう受け取ったようです。

私は「あなた鉛筆がほしいのね、じゃあ使って。あなたが嬉しいなら、私も嬉しい」と思っただけ。鉛筆なんて誰が使ったっていい。

小学校４年生の遠足のとき。お弁当にさつまいもの子がいました。私にはおにぎりがあったので「半分こしよう」とふたりで分けました、その子はおにぎりを食べた、私も食べた、よかった、嬉しい……そんな気持ち。ところが、「半分こしたら、あなたは半分しか食べられないじゃない」と騒ぐ子がいて、「おかしいよ、半分しか食べられないのに、なんで嬉しいの？」と問い詰められました。

その違いを私は説明できなかったのです。いえ、それ以前に、「半分で、なぜ嬉しいのか」

と詰問するみんなの感覚が理解できなかったのです。

やっぱりみんなと何かが違っている。人と違う――私はそれでいいと思っていたのですが、でも少しずつ暗くなっていきました。「ヘンなやつ」「いい子ぶってる」と言われるようになり、仲間はずれにされ、意地悪やいじめの対象となったようでした。

でも、特に意地悪されているとも思えません。意地悪というのは、自分と考えの違う人を分け、排除し、自分が優位に立ちたい思いから生じるもの――のようです。私には排除する、分類する、という感覚がなかったようなので、気が付かなかったのです。

家出

小学4年生。みんながわかってくれないのは自分がおかしいからだ。自分をないことにしたらどうだろう。ないことにするには、いなくなること、死ぬこと……と思いつきました。

高いところから飛び降りたら死ねるかな。でもペッチャンコになって醜くなるのは嫌だな……手首を切ったら、痛いだろうな、血まみれになるからやめよう。これはどうかあれはどうか……結局、死ぬのはみんなに迷惑がかかるから、行方不明になろう、と思いついたのが家出。死の願望というより、誰にも見つからないところに隠れ、ひとりで静かに、ぼんやりしていたかったのです。家族が寝静まってから家を出て、山に向かいました。お小遣いの全額６００円をポケットに入れて、「ありがとうございました。みなさんとは、ここまでです」と別れを告げました。

秩父は山国です。どこへ行っても山、また山。

目的地は富士山。なぜかずっと富士山に呼ばれているのを感じていたからです。

でも夜の山で迷ってしまいました。真っ暗闇。道案内の表示も見えない。ひと晩じゅうウロウロしつづけ、気がつくと知らない町を歩いていました。あたりはまだ暗く、どこがどこだかわかりません。道端にぼんやり座っていると、不審に思った地元のおじさんが「どこから来たんだ？」と声をかけてくれました。「秩父です」と答えると、ちょっと驚いた様子でしたが大騒ぎすることもなく、秩父駅の近くの羊山《ひつじやま》公園までトラックで送ってくれました。

そこからとぼとぼ歩くと自分の家が見えました。朝になっていました。家出は失敗。「ちょっと朝の散歩」のような顔で帰宅。誰ひとり家出なんて思っていなかったようです。富士山にも行けず、行方不明にもなれず、またもとの普通の生活に戻った。残念。

でも、わかったことがあります。

山の中ではひとりぼっちではなかった。真っ暗な中を手探りで歩いていると、「こっちだ、こっちだ」と木々が教えてくれました。身体の脇を風がふうっと吹いて方向を知らせてくれました。安心感がありました。まだ死ぬときではなかったのでしょう。

お山は、風や木や鳥の声を通して道しるべやヒントを示し、人間界に帰してくれました。木の形をした存在ではなく、いのちが木の形をとって現われたような優しさ。精霊や木の精ではなく、お山の優しさ。木々の枝先のゆらぎ、風のそよぎ、足裏の土の感触……そういうところに優しさが表われるのですね。そのおかげで家に帰してもらえたのです。

中高、そして大学に行っても、就職しても、相変わらずの「変わり者」。あいつは変なやつ——と思われていたらしく、友人付き合いも避けられました。そう扱われても、自分ではよくわからないのです。自分に原因があるのではないかといろいろ探ったものの、結局わからない。あるとき、はっきりこう言われました。

「あなたは、みんなのゴミ箱になってるんだよ。はけ口。嫌なもの全部あなたに吐き出しているだけ」

ゴミ箱？　はけ口？　まだわかりません。やっぱり自分には何かが抜けている……やっぱりヘンなんだ。

創り主はひとり？

なぜだろう、どうして人とコミュニケートできないのだろう？

欠落しているのは何だろう、それを満たしてくれるものは？

みんなの感覚を理解できない理由は……言葉ではないだろうか。うん、言葉に何かがある……言葉をたくさん覚えれば、みんなのことがわかるかもしれない。そう思って、生身の人間と話をするよりも、もっとはっきり書き記されているものを求めました。さらに、ここなら何か教えてくれるかもしれないと思ったのが教会です。

というのはある日、小学校の校門に牧師さんが立ってきれいなカードを配っていたのです。カードには「創り主はひとり」とありました。なぜかハッとしました。

創り主はひとり？　なぜかその言葉がズンと響いたのです。「タ……モ……」と呼びかけてくるあの天のオヤが伝えてくれていたのはこれかも……と受け取ったのです。

ここなら答えがわかるかもしれない、牧師さんなら答えを知っているかもしれない……教会に通うことにしました。父も若いころ近くのカトリック教会に通っていたらしく、「いいよ」とお許しが出ました。

日曜学校に通って牧師さんの話を聞きました。

最初は子ども向けの聖書。でもすぐに飽きたらなくなり、自分で大人用の聖書を買って夢中で読みました。内容がわかるわからないというよりも、声に出して読むことで、何かハッとするようなことがあるような気がしたのです。声に出すのが性に合っていたのでしょう。

読む声は自分なのに、誰か別人の声のように感じられるのです。見えないオヤから語りかけられているようで、頭ではなく身体全体で吸収すると、私の心が喜ぶのです。

牧師さんは、小学生の私をなんとか理解しようとしてくれたようです。わけありげな、ちょっとおかしな子。キッと口を結んだ小学生が教会学校に通ってくるのです。「迷える子羊」を誘《いざな》うように、牧師さんは親切にしてくださいました。奥さまも「この子には、よほど何か神とのご縁があるのよ」と見守ってくださったようです。

牧師さんは聖書の内容を、丁寧に、私に理解できるように教えてくれました。この少女が少しでも生きやすくなるように、時と場所に合わせてちゃんと対応できるようにと、親身になって手助けしてくださいました。

今でも覚えているのが、「その場に合わせた着物をまとうのですよ」という言葉です。「季節に合わせて着替えをするように、年齢に応じて、相手との関係や場によって適切な装いがあり、それに合わせて着替えるのですよ」

私自身は裸でいるのが大好きなのですが、人間世界では着物を着ることになっています。赤ちゃんでも生まれたら産着。イエスさまも一枚羽織っています。裸体では出てきません。その場に合わせた着替えをする——そう教わったことで、お着替えも楽しいことなんだなと思えました。一歩前進です。

イエスさまが伝えたかった真実は何か……そんな感覚で聖書を読んでいくと、旧約聖書の『創世記』の中にヒントを見つけました。こうありました。

「創り主はひとり」

この感覚には、覚えがあります。ブランコから落ちてアイルだった自分を思い出したときに、なぜか同じことを思ったのです。山の中で遭難しそうになったときもそうでした。木々がこっちだよこっちだよと枝を振りながら呼んでくれたときと同じ感覚です。

私たちは全てひとつのいのち、ひとつの根。それぞれが別の形であっても、同じひとつのいのち。宇宙の全てのいのちの親は同じひとり。つまり創り主はひとり。答え合わせをするかのように、「創り主はひとり」という聖書の言葉に、（あ、これは同じ……）と思ったのです。

数学の先生

「おまえ、友だちはいるか？」

中学の担任の先生にいきなりそう聞かれました。他愛ない話をしたり映画を見に行くような友だちはいません。近所にも学校でも、友だちと呼べる人はいません。夢中になるアイドルもいません。特にほしいと思ったこともありません。風変わりで、ちょっと近寄りがたい雰囲気だった私は「変わった奴」「お高く止まってる」と見られていたようです。

でも、嫌われていたらしいと思う一方で、私は誰とでも同じように接し、臆せず話をしていたので、ある人たちにはおそらく「誰にでも親切な人」と思われていたようです。「おかしなやつ」か「誰にでも親切な人」。生徒間の評価がこれほど分かれることは珍しいらしく、担任にも手に余る生徒だったのでしょう。

小学校の勉強はまったくつまらなかった。退屈すぎて、先生の話や黒板から離れて、意識は空を飛んでいました。椅子に座ったまま、学校の屋上を越えて、空高く、スーッとどこまでも飛翔する。気持ちよかった。アイルのころ空を飛んでいた感覚に通じるものがありました。そんなやさぐれた心持ちで過ごした小学校。

でも中学に行けば、きっと何かがある。足し算や掛け算を覚えるだけの算数とは違って、「数学」という学問ならば新しい何かを教えてくれるはず。胸をときめかせるように、中学校に進みました。

その思いが通じたのか、中学校は面白い3年間でした（友達はさっぱりできないままでしたが）。数学のA先生に出会ったからです。A先生の授業の初日。先生は黒板に数を書きました。そしてみんなに「興味のある人はこの数を覚えてみなさい」と言いました。そこに何かある……と思った私は、ひと晩かけて覚えました。小数点以下30桁。

３・１４１５９２６５３５８９７９３２３８４６２６４３３８３２７９……

次の授業。「覚えてきた人はいるか？」

手を挙げた生徒は数人。完全に記憶していたのは私だけ。先生は少しうれしそうに、「覚えることが大事なんじゃない。初めてのことに興味をもってやるかどうかだ。初めてのことに興味を持てない奴のことを本当のバカというんだぞ」とおっしゃいました。

「黒沢（旧姓）、ご褒美だ。昼休みの15分間、時間をやる。何でもいいから、毎日聞きに来い」

驚き以上に、嬉しくてたまりませんでした。ものの考え方や捉え方、数理哲学、数学の美しさ……たくさん教わりました。

「いいか。法則が先にあるんじゃない。気づくのが先だ。目の前にいきなり握り飯を出されて、〈具は何が入っているか、梅干しか鮭か〉と聞かれたら、お前ならどうする？　まず握り飯をふたつに割ってみるだろう。そのとおりだ、証明の方法はいくらだってある。だからそれが何かを理解すること、実際の行動や考えが先なんだ、わかったな」

家でも学校でもひとりぼっちだった私にとって、数学の先生との時間は、忘れられない最高の時間でした。

毎晩大嵐が吹き荒れた

教会学校や図書室、昼休みの先生との対話に救われましたが、人とのやりとりは相変わらずうまくいきません。家でも外でもスッキリせずに、心はいつも波立っていました。

山や川、太陽やまわりの自然とはスムーズにやり取りができます。時々やってくる見えないオヤに救われていましたが、本当のことは、家族にもいえません。「じつは……」と打ち明ける友だちもいません。相変わらず（ここって、本当にあのテラなの？）という疑問が残っていました。特に大変だったのが、寝ることです。

物心ついたころから、私の「寝る」は、いわゆる金縛りの状態でした。その状態が寝ることだと思っていたのです。布団に入って2、3分すると、耳鳴りが始まり、ビビーンと身体が硬直して、指1本動かせません。それが毎晩です。もちろん家人の誰も気づきません。全員同じ部屋で寝ていたので、まずみんなの様子を観察しました。父はひどい寝相。母はまっすぐにピシッと寝ています。

「ああ、女が寝るって、〈ビビッと固まって動かず〉なのか。それなら仕方ない」と思ったのです。弟はどったんばったん。やっぱり男は……なんとなく納得しました。

金縛りだけではなく、深夜になると大嵐がやってきます。

身体がゴワーン、ゴワーンと揺さぶられ、巨大な台風のような何ものかが身体の内側で吹き荒れるのです。轟音のような風音、身体が吹き上げられるような感覚。まるで巨人が押す大きなブランコに乗っているように揺さぶられ、吹き上げられ、放り出されるのです。怖いなんてものじゃない。金縛りというと、ネコがおなかの上に乗ってきたとか、亡霊が出てきて動けなくなったとか聞いたことがありますが、私の場合はもっともっとすごく、生易しいものではありませんでした。

ある夜は、巨大な黒い大蛇のような生きものが空中でとぐろを巻いて大暴れして、電灯や障子を大きく揺さぶるのです。別の夜は、天井に巨大な目ん玉が現われたかと思うと、それがバン！　と目の前に落ちてきて、ギョロリと私を睨んだり（私は極度の近視。天井に何があるなんて見えなかった）、しっぽが太く、固そうな鱗をもった獣が部屋の中を飛び回って大暴れしたり。金縛りどころか、これでは眠れません。

誰かが感情を大爆発させたのか、念の塊のようなものが飛んでくることもしょっちゅうでした。それが何なのか、わかりません。コントロールもできません。誰にも相談できず、かといって、病院に行ってなんとかできるものではないことは、わかっていました。

明るくなるにつれ、ようやく大嵐は去り、サーッと凪《なぎ》がやってきます。早朝の爽やかさならまだしも、身体がガチッと固まったまま動かない、動けないのです。「よぉっ」と活を入れ、力を入れないと動かない。頭は起きているのに、身体は起きない。そこで「動きますよ、よし、動くよね」と始業点検のように身体を確かめながら、なんとか起き上がる。それが毎朝の決まりごと。

金縛りは収まりません。嵐がだんだん強烈になり、そのうち、寝るときだけではなく、昼間も起こるようになりました。キィーン……高周波のような耳鳴りを前兆に、それは突然始まります。そうなったらピタッと動きを止めるしかありません。自分が倒れないように、嵐が通り過ぎるのを待つしかありません。コントロールするなんて無理。いつやって来てもいいように、しがみつく柱、寄りかかれるところ、座れる場所を探していました。フラフラしたり、ピタッと身体を硬直させるおかしな人だと思われないように、気を付けなければいけません。学校に行くだけで、けっこうな覚悟が必要だったのです。

高校生くらいになると、少しコントロールできるようになったのですが、その代わり、私から数メートル離れたところにいる人が、突然バタッと倒れたりするのです。おそらく、私めがけてぶつかってきた何かの念エネルギーの直撃を受けたのでしょう。私はさっと身をかわす術を覚えたのですが、「それをかわすと他の誰かに影響が出る」ことに気づくとさらに怖くなり、外出が苦手になりました。重い波動の何かに捕らえられている……という感じ。

そこで「そういう念エネルギーに注意を向けない。決して同調しないように」という誓いを立てました。活動的で、はっちゃけた女の子になれば、きっと黒い存在や嵐のエネルギーはもう寄ってこない――そう念じて。

天の川銀河へ

天の川銀河に行ったのは、そんな大嵐の夜でした。

16歳のある晩。いつものように、大嵐にもみくちゃにされて、遊園地の海賊船に乗っているように、グォーングォーンと天井まで揺さぶり上げられました。

「もうだめ！」と叫びたくなった瞬間、突然スポッと抜けて、何かの上に乗せられていたのです。「え、龍の背中？」と思ったとたん、どこか別のところ。まるで自動ドアをくぐったように、一瞬であたりの様子が変わっていました。……ふと気づくと、とても細やかな柔らかいシャワーで身体が洗われています。降っているのはダイヤモンドの輝きのような光。キラキラ輝きながら身体を包み込んでいます。これまで感じたことのないような柔らかさ、安心感。なんだろう、これは？　ここはどこ？

さっきの海賊船は浮舟に変わっています。穏やかで、天人《あまひと》の世界みたい。天の川銀河！

見上げると、無数の小さな星のかけらのような何かが瞬きながら降りてきます。キラキラ輝く花びら。なんてきれい！　花びらは私に触れたとたんパッと光に変わり、天の川に流れていきます。

自分の身体はと見ると、全身光の粒。自分と、自分が乗った浮舟と川。どれもダイヤモンドの精妙な光。あ、これはアイルだったときと同じ感受。アイルの身体はクリスタルのようだったから、向こうが透けて見えるような光が放たれていたのです。

わあ、うれしい。懐かしさと安心感でいっぱい。人が夜空を好むのは、この記憶があるからなのですね。人は夜空の星のきらめきを言葉に乗せて歌います。燦々《さんさん》と輝く太陽ではなく、静寂をたたえた夜空や月を好むのは、こういう記憶が残っているから……かもしれません。

ホッとします。そうだ、やっぱりあのころの人間はこうだったんだ。

そんな心地よさにたゆたいながらも（あれ、元のところに戻れるのかなあ……？）という不安も生まれ、アイルのころ地面に墜落した記憶も蘇ってきました。でも浮舟に身をゆだねての旅は得も言われぬもので、そのまま天の川をひと巡り。

……と、いつのまにか浮舟は龍の背に戻り、次の瞬間、私は自分の寝床にいたのです。朝でした。ホッとしながらも、ああ、戻ってきちゃったという小さな失望も。

それ以来、夜中の嵐に苦しくなると、天の川銀河に度々行くようになりました。あそこに行きたい、あそこが恋しいと思ったとたん、目の前の自動ドアをくぐったように、私はそこにいるのです。天の川で行水し、きらめく銀河のシャワーを浴びている――そんな感覚。天の川銀河でシャワーを浴びると、感覚がグングン深く広がります。

自分の身体がほどけ、私は小さな光の粒子になって、その粒が天の川と混じって一体になったような気分。ゆりかごに乗せられてシャワーを浴び、せせらぎのメロディに抱かれて、それを十分に味わったあとは、私を構成していた光の粒子がギュッと元どおりの私という身体に凝縮する……そんな感じ。気がつくと、地上に戻っているのです。

天の川銀河のシャワーでリフレッシュしている間、母体としての私の身体は活動停止。時間がピタッと止まったように動きません。でも、生命活動は順調です。もちろん呼吸も。仮死状態ではなく、ちゃんと生きています。でも身体は動かない、反応なしの不思議な状態。あとになって、時空が違うからとわかりました。

こちらとあちらでは、時間が異なっているのでしょうか、活動それ自体が異なるのです。地上では1分はこれこれの長さと決まっています。でも天の川銀河の1分間は地上のそれよりずっと長い、地上の1時間か2時間ぐらいに匹敵する……そんな具合です。

呼吸も長くなっているようです。ひと息が地上よりもずっと長いので、まわりからみれば息をしていないように見えたかもしれません。ヨーガの呼吸「クンバカ」に、ずーっと長く息を止めている場面がありますが、あれと同じような状態です。ふだんの呼吸を超えている

――というよりも、呼吸自体の時間が異なるようです。

天の川銀河に行ったのは空間移動ではありません。私の身体はここにありますし、意識やエネルギー体が物理的に天の川銀河に飛んでいくのでもありません。正確に表現するのは難しいのですが、自分のいのちのもっとも奥深い、精妙なエリアに移行していた、気が付くと、そこにいた……と言えるでしょうか。

「ママがボーしてる」

天の川銀河の場にいると、心穏やかで、ゆったりします。

本来の自分のまま――という感じ。そこにはいつも誰かがいて、地球はどういうところか、どういう状況なのかなどを教えてくれました。何か知りたいと思うと、その答えや情報がインストールされ、自分のものになっている……という感覚。映画『マトリックス』で、登場人物がコンピュータシステムに繋がると、カンフーの技やヘリの操縦方法が当人の脳に数秒でインストールされる場面が出てきます。ちょうどあの感覚。脳にコードを繋いで情報を送るというよりは、全身の細胞に瞬時に浸透させる――というほうが近いですね。

天の川銀河に行くと、地上に残った私に意識はありません。地上の時間が止まっているから、活動していないように見えるのです。「フリーズ」と表現しましょう。止まったままの状態。それが度々起こると、家人は、大丈夫なのかとかなり焦ったようです。生命活動の一切がストップしたように見えるのですから、息だけしている人形のようだそうです。
40歳を過ぎるころまで、このフリーズ現象がよく起きていたようです。その様子を見た息子は、「ママがボーしてる」と表現しました。洗濯していても、洗濯物を干していても、ある瞬間ピタッと動きが止まるのです。本人は一瞬のことと思っても、地上時間では数時間経っています。その間、肉体の記憶はなくなっている——この時間のギャップは何だろうと、何度も考えました。

地上での意識がなくなっている——あの状態をうまく表現する言葉がありません。何かに夢中になっていると、パッと時間が過ぎている、まるで別世界に行っていたかのように……そしてある瞬間、ハッと我に返る。そんなことってありますよね。

ミヒャエル・エンデの小説『モモ』（岩波書店）の中で、時間を司るマイスター・ホラが時間の流れを変えたために、モモにとってはほんの短い間の出来事だったのが実世界では１年が経っていた、という描写があります。そう、それ……と私には合点がいくのです。

大嵐の原因

天の川銀河のシャワーに慣れたころ、金縛りの原因に気がつきました。あれは、生きている誰かの強い念が私のところへやってきて、見えない大蛇のように大暴れしていたのです。憎しみ、怒り、恨み、悔しさ……といった誰かの念だったのです。私を苦しめるためではなく、行き場のないネガティブな念エネルギー。この苦しみをわかってほしい、気づいてほしい……と気づいてくれそうな人のところへやって来るのです。

かつてクラスメートから「あなたはゴミ箱、はけ口になっているのよ」と言われたことがあります。その言葉を思い出しながら、念というエネルギーにとっても私がゴミ箱・はけ口になっていたということに愕然としました。

なぜなの？　どうしたらいいの？

考えたのは、（この人たちのつらい思いを銀河のシャワーで浄化してもらえないだろうか）ということ。身にまとわりついた念ごと、天の川銀河へ飛びました。

すると……大暴れは消えました。身体ごとシャワーを浴びると、大嵐は鎮まりました。大蛇の念はスッと収まり、天の川銀河の輝く光の粒になったのです。ああ、これが成仏ということかな……そうか、私は銀河のシャワーを流す導管《パイプ》の役割をしたんだとわかりました。こうしてようやく、大嵐の原因と浄化の方法が見えました。

天の川銀河でシャワーを浴び、自分が光の粒となって天の川銀河に溶け込んでいると、身にまとわりついた念が消える――そのことに気づいたのです。これはこれで苦しい体験だったのですが、ありがたいことに私の希望どおり、銀河宇宙がサポートをして保護してくれていたようです。原因と対処法がわかったとはいえ、その後も嵐は吹き荒れました。（……苦しんでいる人は大勢いるんだろうな）と思いながらシャワーを浴び、何度も何度もパイプ役を務めました。

それでも、現実の生活は変わりません。人間関係は相変わらずおかしなことばかり。女子高生らしい楽しい生活は、はるか向こうの景色でした。朝起きた瞬間「ああ、また今日も目が覚めちゃった……」と絶望的な憂鬱が始まります。ああ、なんでこんなふうに生まれたんだろう、なんでこんなに違うのだろう？　孤独感はずっとついて回りました。

（第2章）

不思議な力

出家願望

16歳、埼玉県立熊谷女子高校1年生。秩父から熊谷まで電車通学。

出家しよう……という気持ちが湧きました。

ヘンな自分、他人とうまくいかない自分。死ぬこともできない。しょうがないから世捨て人になりたい、世間から離れて、仏門に入るしかないかな……と思ってのことです。

熊谷市内にも尼寺があると知り、冬の寒い日、訪ねました。すると尼さんは「未成年が出家するには、親の承諾がいるの。親御さんの承諾があったらいいわよ」とのご返事です。親の承諾？　これは厄介だなと思いながら尼さんの足元を見ると、裸足です。この寒い日に裸足？　私はしもやけができる体質ですから、真冬に裸足では、えらいことになるなあ……と躊躇《ためら》いました。でも尼さんになりたい。俗世間から離れたい。父に言い出そうにも、切り出す雰囲気になりません。

ちょくちょく通ってくる私を見て尼さんは「ゆっくりでいいんじゃない？　急がなくても。お茶でも飲みにいらっしゃい」。寒いのはイヤ……でもやっぱり出家したい。そうだ、もっと暖かいところならいいんじゃない？　見つけたのが鎌倉の東慶寺。縁切り寺で有名なところ。鎌倉なら秩父より暖かいはず。さっそく向かいましたが、ところが厳しい。お坊さんに会ってもらえません。熊谷のお寺ならご当主の尼さんと一緒に作務《さむ》もできたのに。東慶寺はそうはいきません。

諦めきれず、東京の薬科大学に進学してからも、鎌倉通いが続きました。東京から鎌倉は電車１本ですぐ。暇があれば東慶寺に通いました。でもなかなか入門できません。ご住職に会えず、結局お寺巡りをするような日々。江ノ電に乗って鶴岡八幡宮や銭洗弁財天に行ったり、ああ、これじゃあ、まるで観光地巡りの気晴らしツアー？

人と違う私。そんな自分がどうやったら人間としてこの世で生き延びることができるだろうか。考えることはそればかり。迷い、逡巡し、ようやく決めたのが「一人前になる」こと。経済的にも精神的にも自立した人間となる――それがこの世を生きる最高の方法だと思ったのです。

まずはエレガントな女性になろうとピンヒールを履き、流行りの洋服で着飾って、おすまし屋さんを目指しました。横浜の外国人墓地あたりの空気を吸って西洋的な雰囲気に触れたり、デパートを巡ってハイブランドのショッピングをしたり、赤ワインが飲めるように、上品なテーブルマナーを身につけようとレストランに出入りしたり……誰を誘うことも誘われることもなく、ひとり「自立した女性」を目指していました。

街歩きのおかげでしょうか、大学を卒業するころには大人びた雰囲気をまとえるようになり、経済的に自立していけそうだ、ひとつ関門はクリアしたかな……と思いました。

やっとできた友人

大学のころは隣に人がいるのもいやで、6人がけの席の全てに荷物を置いて、誰も座れないように防御していました。「こちら友人よ」と気易く言われることも拒否していたのですから、友人なんてできるわけがありません。ひとりでいても寂しくないし、特につまらないこともありません。なのに、人恋しい……この矛盾がまた苦しかった。

人になじめない。生きづらさは増す。出家もできない。どうしようもないと逃げ込むように入ったのが夢物語の世界、歌舞伎。歌舞伎の語源は「傾《かぶ》く」。流行の最先端をいく奇抜なファッション、世間常識はお構いなしの「かぶき者」たち——から始まっています。既存の考えにとらわれずに最新の流行を取り入れ、人々を楽しませる——浮世の世界観。そこにどっぷりと浸っていきました。

この世界の情熱的な創造性！　それだけではありません。本来の美しさがあります。現実の生きづらさを歌舞伎の世界は忘れさせてくれそうです。その世界に一歩入ると、こんな私でも安心できて楽しめたのです。この安心感。歌舞伎だけでなく、さらにお能、雅楽の世界に溶け込んでいきました。ついでに寄席演芸にも通いました。日本の伝統文化、日本人の美意識――この世界が私の「生きる」を支えてくれました。そのおかげでしょうか、ようやくある女性との出会いがあり、親しくなりました。

接点は歌舞伎。一緒に歌舞伎に盛り上がり、普通に対話できるようになった初めての友人。彼女も「あの人はこういうからだめ、まわりの環境がいけないんだ」などと他を糾弾するのが嫌いなタイプ。一緒にいて疲れなかったのです。

卒業後、彼女は「丸の内レディー」になり、私も丸の内で勤めたいと就職活動をし、「メルク万有」という製薬会社から内定をもらいました。「5時から銀座」ができるねとふたりで大はしゃぎ。これでなんとか生きていけるかもと、明りが見えてきました。ところが、いきなり事が起こります。

勤める会社の生化学研究室の人材が足りなくなったのです。急遽、新入社員から補充しようと、薬学部出身、生化学で卒論を取った唯一の新入社員の私に白羽の矢が立ったのです。勤務地は、工場と研究所のある熊谷の奥の田園地帯。キラキラの「5時から銀座」の夢が突如消えました。呆然、唖然！

両親は秩父在住。秩父と熊谷は秩父鉄道で1時間。東京よりもはるかに近く、両親にとっては、娘が目と鼻の先に帰ってくるような感覚だったのでしょう。「すぐ行きなさい」という指令が出、熊谷に親戚がいたこともあって、2方位からの看視体制が張られたようなありさま。逃げられません。選択肢は、熊谷奥の田園地帯しかありませんでした。

飛び出した目ん玉

人と違うのは、考え方や感じ方だけではありません。実際おかしなことにもよく遭遇するのです。たとえば神社やお寺に行くと、見えないものや、ないはずのものによくぶつかるのです。

ぶつけた覚えもないのに突然出血したり、知らないうちに痣《あざ》ができて腫れ上がっていたり、見えない何かに腕や足を掴まれたり。でも原因は見あたりません。奇病持ちなのかなと思ってやり過ごしていましたが、お医者さんの手で判明する病気でないことはうすうすわかっていました。ですから自分なりに対処するしかありません。

熊谷に引っ越したばかりの24歳、こんなことが起こりました。

土地の神様に引っ越しのご挨拶に近所の神社に行ったときのことです。「あ、危ない！」何かがぶつかったと感じたとたん、眼球が前に飛び出したのです。慌てました。眼球は自分でなんとか元に戻したのですが、腫れが引かない。目玉は真っ赤に充血して、眼帯をしてもどうしようもないほどの腫れ。お気に入りだった両耳のイヤリングも持っていかれました。衝撃で耳が切れ、出血しています。このままではどこへ行くにも大変。目についた薬局に駆けけ込みました。

自分の力ではどうにもならない、（もしかしたら薬局さんだったら良いお医者さまを教えてくれるんじゃないか……）と思ったのです。これが、大きな出会いとなるのです。駆け込んだ先が薬局店長の野田祥治さん。今でいうスピリチュアルの方。

「いい目薬ありますか、ならわかるけど、薬局に来て、〝この眼を治してくれるお医者さまを知りませんか〟って聞くのも珍しいやつだよね」と大笑いです。

霊能者

野田さんが笑いながら「まぁいいから座りなさい、あなたね、それ霊障だよ」

「そんなに冷えてませんけど」と私。

冷性、冷え性と聞こえたのです。霊障なんて言葉を知らない私は、（霊障？　へえ、そういうことがあるんだ）とびっくり。（あの夜中の大嵐にもこんな名前がつくのかな……）とぼんやり聞いていていました。

野田さんは「こういうの、今日が初めてじゃないでしょう、よくあるんでしょ？　いつも自分で治してたの？」と矢継ぎ早にお尋ねです。「はい、そうです」とお答えすると、「あなたね、ちゃんとしたほうがいい。いい人がいる。紹介するから、明日また同じ時間においで」

翌日、ある女性霊能者のところ。彼女は開口一番、

「いらっしゃい。……ああ、あなたもう準備できているわね。私があなたを訓練するから大丈夫。次に来るとき、筆ペンと巻き紙を持っておいで」

準備ができている？　筆ペンと巻き紙？　何がなんだかわからない。わかっているのは身体の不調と目の不具合だけ。次回、指示どおり筆ペンと真っ白の巻き紙持参で行きました。何を書けばいいのかぼんやりしていると、霊能者の女性が、「あなたの身のまわり、あなたの空間、あなたが感じる全てのなかで、いい香りだな、すてきだな、かわいいな、と感じるでしょ。それに心を合わせて感じて、書いてごらんなさい。いつもやっているように、パーッと書いてみて」と促すのです。すると、筆ペンを持った私の手が自動的にサラサラ勝手に動き、字のようなものを書いています。

そういえばと思い返してみると、ふだんから何気なく私はこういうことをやっていたのです。突然手が勝手に動きだし、紙に何かを書く。象形文字のような、見たこともない文字らしきものだったり、絵文字だったり記号だったり。私はそれをただボーッと、何が何だかわからないまま、（あ、いつものお遊びが始まった、これは自分の病のひとつだ）と思って眺めていたのです。

「あなたね、それ、どういうことかわかる？」と霊能者。

「どういうことって……たぶん私、おかしな病気なんだと思います。だから、ずっと黙っていたんですけど」と私。

「そうじゃなくてね、それは、いわゆる〈お筆先〉。〈神通《しんつう》〉つまり神様からのご挨拶。わかる？　つまり、あなたの手を借りている者がいるってことなのよ。もうちょっと、きちんとしましょう」

お筆先、神通？

さらに彼女は「それ以外にも、あなたには何か力があるわね」とつぶやきながら、「こういうときはどんな感じ？　どうなるの？」と興味深げに踏み込んできます。

私はひとつずつ丁寧に答えました。その結果、お筆先だけではなく、口から言葉が自動的に出てくる「お口先」や予知、千里眼など、私にはさまざまな霊能力があると判断されたようです。その後いろんなイメージや映像などを見せられ、さらに高天原《たかまがはら》のイメージを見せられました。威儀を正した神々の姿ではなく、自分に正直に、ゆったりとくつろいだ、そのままの神々たち。

「うーん、かなり、ちゃんとできているようね、でも、きちんと調えないといけないね。大丈夫よ」と霊能者。

ちゃんとできている？　調える？　何が大丈夫？　……まるっきりわからない。

わかったのは、誰かの意が私の手を通して文字となって出てくるということ。つまり私は誰かさんのお筆先を務めていたわけですね。これを「自動書記」と呼ぶことも初めて知りました。すると……私みたいな人間がほかにもたくさんいて、異常なのは私だけじゃない？とどこか認められたような、奇妙な安堵感も生まれました。

日本心霊科学協会で

野田さんと霊能者はなんやかやと声をかけてくれました。おかしな能力をもった娘を心配してくださってのことでしょう。休みの日になると一緒に過ごす時間が多くなりました。あるとき、目白にある日本心霊科学協会に行くことになりました。心霊現象を科学的に研究し、その成果で人類の福祉に貢献することを目的にした公益財団法人とのこと。

その日はちょうど大きな祭事があったらしく、さまざまな能力をもった人が集まっていました。「ああ、世の中には、同じような人たちがいるんだ」と、ほっとするような妙な気持ちでした。

「あなたは、まず先祖供養が必要ね」と告げられ、これまた何がなんだかわからないまま、力のある方が供養をしてくださったようです。次は、お筆先の能力の調整。そのおかげでしょうか、自分でも読めるような言葉が出てくるようになりました。それまでのものは日本語としてまとまっていない言葉、使われていない古代文字、妙な記号や読み取れない文字の類だったようです。だんだん文字の体裁を成してきました。「ここまでできるなら、あなたは潰れない。おかしくもならないでしょう」と霊能者。

それまでの私は入ってくる情報をそのまま自分の筆先として出していたようです。ところが他人にわかるようにするには、電気でいえば電圧を変えたり、周波数を合わせるなどの調整が必要らしく、何よりも、もともとの情報を余人にも理解できる日本語に変換しなければならない――ようです。

「潰れる」とは、その変電、チューニングが合わないとダメになる――を指すようです。それが合わないと精神に異常を来したり、身体を壊したりすることもあるとか。変電するために、飲食を断つことや、身体的に処女であることが条件となることもあるらしく、そのことで「潰れる人」もいるようです。

しばらく通っていると、お筆先に出てくる意味のわからない言葉や記号を解読し、他人にわかるように翻訳する訓練が始まりました。

でも私はその作業にどうしてもなじめません。どこか釈然としないのです。

何某《なにがし》からのメッセージだとしても、わけのわからない記号や文字では意味がない、理解できないものが出てきても無意味――そんなものは不要ではないかと思えたからです。スペイン語を知らない人にスペイン語のメッセージを届けても用をなさないように。ですからある日、私はその発信元らしい存在に向かって、こう叫びました。

「もし私に書かせたいのなら、私がちゃんとわかるようにして！　そうじゃないなら、もういらない！」

すると、和歌のような音《おん》が出てくるようになりました。

「ウニアゲヤカナルヒノオンアリテ　アリユクミノアフルルヲ」

日本語の文字を当てはめると、こんな具合です。

「宇にあでやかなる日の音ありて　ありゆく身の溢るるを」

調べてみると、「日ノ本なるを表わしいきたい、本来の人とはこういうものなんだよ」という意味のようです。

読める文字や和歌なら、なんとか理解できます。和歌なら少し齧《かじ》ったことがあります。子どものころから本はずいぶん熱心に読みました。知りたいことを大人たちに聞いても納得する返事が返ってこない、友だちとは話が合わない、自分のいる場所が見つからない――結局、図書館に通ったのです。「ここに大事なことがある」とわかりました。

中学校から高校へ、文学、科学、数学、地理、歴史、哲学――ジャンルを超えて、数冊の本を残して図書館の本を大方読みました。あのころの自分に褒めることがあったとするなら、この図書館通いです。夢中で読みました。

文学には、この世の美しさ、人が本来もっている情、そして世界の美しさを表現しようとする「作家のこころ」を感じました。理系の本には、真実を追究する真摯さ、宇宙の神秘をなんとか数字や文字で表わそうという想いを感じました。決まったことを記憶するだけの退屈な授業とはまったく別物です。分厚い辞書にも向かいました。人に何かを伝えたいときの言葉。それを覚えられたのも、この図書館経験が大きかったと思います。何より図書館は、ホッとできる数少ない場所でした。

というわけで、万葉集にも古今和歌集にも小学生のころから触れていたのです。とりわけ和歌の言葉の響き、音《おん》が好きになったのです。その音、状景、その場の色や香りも浮かんできます。ぜんぶ喩えなのです。たとえば、日本の国歌「君が代」。

「わ（我）が君は　千代に八千代に　さざれ石の　巌《いわお》となりて　苔のむすまで」

（詠み人知らず『古今和歌集』）

――この世は 千年も 幾千年もの間 小さな砂がさざれ石のように やがて大きな盤石となって 苔が生じるほど長い間栄えていきますように――というような意味ですね。

この和歌の不思議なところは、時間が逆なのですね。この世界では、岩が風化して粉々になって、さざれ石となるはずなのに、ここでは、さざれ石がずっとくっついて、くっついて、くっついて、巌になって、苔がむすまで——という流れになっています。逆の時間。

さらに「君」とは誰か、という問題があります。日本軍国主義の時代には、天皇を讃美して、つまり「君」を「天皇」とした時代もありました。天皇制国家論を前提にして天皇を歌ったとするのは明らかにへ理屈で、それは違います。「君はだれか?」をずっと考えていくと、「恋人」を歌ったと考えるのが素直な解釈だと思います。

恋人に向かって、愛《いと》し恋し、愛し恋し——それがずっとずっと続いて巌となって、苔のむすまで「愛しい」でずっと一緒に生きたい——つまり恋人を歌った歌ですと。

もうひとつ、私が好きな和歌。

「熟田津《にきたつ》に船乗りせむと月待てば　潮もかなひぬ今は漕ぎ出でな」

（額田王《ぬかたのおおきみ》『万葉集』）

——船旅をしようと待っていたが、月も出て、条件も整った。さあ今こそ、この潮に乗って船出しよう——。

なんとなくわかりますね。日本文化のなかに生まれ、日本語を理解する人なら、心情的にその感覚をつかむことができますね。状景、季節感、心情、香りや潤い……読み手が肌身で感じられるように、和歌一首の中にそれらがきちんと具備されています。

和歌に詠まれる内容は、ものごとのありのままの姿、つまり本来こういうことだよとその本質を表現しているのでしょう。だから、響いてくるのですね。それゆえ目で読むよりも、声に出して読むのがいいのです。

もともと私の情報の受け取り方は、言葉の元となる「シグナル（信号）」を読み取って、わかる表現に変換するという方法でした。日本心霊科学協会で受けたこの調整以来、そこに和歌というツールが加わりました。

ですから誰かが何かを伝えようとシグナルを送ってくるなら、「あなたの正体、そしてそのシグナルの意味をきちんと教えてください」とお願いすることにしました。すると誰かさんは、人々がふだん使っている固有名詞や普通名詞を用いて表現してくるようになりました。こちらが理解できるように配慮してくれたのでしょう。共通の名前があれば理解しやすくなりますからね。一歩前進ですね。

（第3章）人として生きる

鬱屈を抜ける

新入社員の勤務地は熊谷奥の田園地帯と決まりました。

なんとか職場には行くのですが、心身共に辛い、人と会いたくない、会話したくない、身体が痛い、だるい。おかしな声が聞こえたり、妙なものが見えたり、見えないものとぶつかったりする――そんな状態が数年続きました。

さらに困ったことに、物体の表面や空気中にある、普通なら見えないはずの細菌やチリ、他人の残した残影や念が浮き上がって見えるようになったのです。子どものころも、他人の感情や念がマンガの吹き出しのように出るのが見えたのですが、それと重なるように、誰かが触《さわ》って残された念や思考までが見えてしまうのです。気持ちがいいものではありません。電車のつり革なんて触る気にもなれず、食器や料理についた雑菌も見えるので、いつも白手袋で消毒液を持ち歩いていました。そんな状態が数年続きました。

でも、ようやく抜ける日が来ました。

きっかけは、これまた細菌。ある日の外食。ふと見るといつものように、お椀の中に菌が見えます。ああ、と思ったものの、「よし、身体に入ったらどうなるか試してみよう」と意を決してお汁を飲んでみたのです。どうにもならなかった。そこでようやく気づいたのです。

身体の中には、もともとたくさんの細菌がいる。表面にもいっぱいいる。そうです、人間の身体は、地べた同様、そこらじゅうに大腸菌、ブドウ球菌、乳酸菌、ほかの菌もいっぱいいます。細菌を食べるミトコンドリアだってそのひとつ。腸の中だけではなく、いろんなところにいる。つまり私の身体には常在菌がうようよいて、程よくバランスを取って棲みついている。それが当たり前なのだと。

消毒して菌を殺さなくちゃと思っていたのですが、殺菌すれば大事な菌も殺してしまう。身体によくない菌もいるだろうけど、よい菌もいる。つまり私たちは共生しているんだ――そう気づいたのです。すると、ごはんを普通に食べられるようになり、体調も徐々に回復していきました。

25歳で死ぬはずだった

アイルのほかにもうひとつ、私には江戸時代に生きていた記憶があります。アイルのことを思い出していきながら、もうひとつの人生のことを思い出したのです。このときは女性で、名前はミツ。三味線のお稽古仲間のキクから「面白い集まりがあるの」と誘われて行ったのがキリシタンの集会。ミツは洗礼を受け熱心なキリスト教信者になり、世の中が平和で、みんなが調和のなかで暮らしていけますようにと日々祈りながら生きていました。ところが25

歳のとき捕らえられ、磔《はりつけ》・火あぶりの刑に処されます。

私が小学生のころ、なぜあれほど強くキリスト教に惹かれたのか、その理由がわかったような気がしました。ミツが隠れキリシタンだったという深いご縁があったからでしょう。幼少から、ミツは意地っ張りで泣かない子でした。その性格は、いまの私に受け継がれているかもしれません。

ミツが処刑されたのは25歳のときでした。そのせいでしょうか私は、「今生、私の人生は25歳で完了だな」と決めていました。この世界になじめないという絶望感。しょうがない、これも25歳までの辛抱。なんとかそこまで生きればいい……という目標点でもあったのです。そこまでなんとか仕事をして、歌舞伎の世界に溶けていようと。

同じころ、野田さんと女性霊能者から、心霊について国際的学術的な研究をしている「英国心霊現象研究協会（The Society for Psychical Research）」の会員にならないかと打診されました。それを聞いて、「え、私はそういう世界で生きる気はありません」と即答していました。霊能者や巫女として生きるつもりは全くありませんと。

仮に、そこでお褒めをもらったとしてどんな意味があるでしょう。私は人間として生きたいのですと。でも「あなたの霊能力を捧げなさい、その力を世の中のために使いなさい」と繰り返し説得されました。でも、どうしても嫌だった。

他人に見えないものが見えるとしても、それはもともと備わった資質。単なる個性。匂いに敏感だとか、髪が伸びるのが早いとかそういう類のもの。そんなことでお金を得るのはおかしい。お金をいただくなら、努力して仕事をして、その労働の対価としていただくのが当たり前。

だいいち、本来神からいただいた能力を世の中のために使うのであれば、もっと明るいものであるはず。違和感や悲しみ、愁いや怒りだらけの私がそれを用いて、何が、どんないいことがあるのでしょう。それは神への反逆ではないかとさえ感じられたのです。私自身がもっと清々しく明るくならないと、その力はいい方向には働かないと思ったのです。

少々頑固だなと思ったのですが、どうしても受け入れることはできませんでした。（まあいいか、どうせ25歳で死ぬんだから……）と自棄になっていたのかもしれません。

ところが……25歳になっても何ごとも起こりません。交通事故にも遭いません。とうとう26歳の誕生日を迎えてしまいました。ショック！　ミツはミツ。タモはタモ。（今生はきっと長いんだ……）切ない誕生日でした。

なぜ世間になじめないのか

出家もできない、死ぬこともできない。26歳になった。どうやって生きていくの？　真剣に考えました。

唯一の楽しみ・支えは、歌舞伎の世界。ある役者さんのファンクラブの手伝いをするほどのめり込みました。現実がきついとしても、こっちの世界に委ねていたら何とかやっていけそうな気がしていたのです。なに、いざとなれば薬剤師の資格があります。暮らしに困ることはないでしょう。だいいち薬剤師という職業柄、他人と深く関わらなくても生きていけそう……ぼんやりそう考えていたのです。でも、それでいいのだろうか、ほんとにそれでいいの？

自分の本音を問い質してみると、「違う。このつらさから逃げるのは、違う」——とはっきり返ってきました。おかしなものは見える、おかしなことが起こる、身体はボロボロ。どれも大変だったのですが何よりつらかったのは、人となじめないこと。それが、物心ついて以来いつも感じていたこと。家族やまわりの人はみな心を尽くして私を育ててくれました。クラスメートや同僚には、ある種の親しみさえ感じられます。けれど、（……どこか、何かが違う）この感覚がずっと消えないのです。

今生の私オカダ・タモが知る限り、今の人たちはアイルのころの人たちとは全然違います。自分と他人を比べて、あれこれジャッジする。この人は味方、あの人は敵。自分が損をしていないかどうか。あの人を好きか嫌いか。家族や友だちは大事、それ以外の他人はどうでもいい——そんな思いに、私はどうしてもなじめないのです。

私は人にも、テラにも、太陽にも、蝶々にも鳥にも、木々にも花にも、いつも同じように接してきました。それぞれみんな同じいのちを生きているから。見た目や生き方、外見や性格や特徴などはみんな違う。それが当たり前。違うからおもしろい。アイルのころの人々はみんなそうだった。なのに、今の人たちは違う（と感じてしまう）。動物や植物とは通じ合えるけれど、人間だけが違う。この違和感が拭えない。それが誰にも通じない。ひとりだけという孤独感。

でも、本当によいのでしょうか。何ゆえにこれほど通じなくなってしまったのでしょうか、それを知りたい、突き止めたい。なぜこんなふうになってしまったのか。親しくなっても、なじめない。なぜこんな感覚を抱くのか。それを知りたい。その本当のわけをどうしても知りたい……のです。

結婚――みんなと同じことをやってみる

あれこれ考えているうちに出た結論は、まわりの人が当たり前のようにしている人間暮らしを自分もやってみること、それしかない――でした。まわりを見回すと、みんな仕事して、結婚して家庭をもち、子どもを産んで育てています。そうなんだ……「結婚ということをしてみよう」。

ほどなく、知り合ったある男性と結婚することを決めました。こんな私を伴侶として受け入れてくれる――そんな人はなかなかいません。すごいご縁だなと思ったのです。

次は子どもです。高校のころからずっと、「あなたは子どもを産めませんよ」とお医者さまに言われていました。学校の定期検診では心臓弁膜症が発覚。先天性のものですと。両親はもちろん知っていたはず。運動も遊びも制限されていたのはたぶんこのせいだったのです。手術という選択肢もあったようですが、当時の成功率は50パーセント。それを聞いた祖母の「生き死に半分なら、やる必要はない」というひと言で、手術はしないことになったそうです。

結婚――すぐ妊娠。これは嬉しかった。

改めて医師の診断を受けると、「子どもは産めません」。親も大反対。

でも私ははっきりと、「宿ったのだから赤ちゃんは生まれてくる」と感じていました。そして無事生まれてくれました。大変な難産。自然分娩。次の子も無事に出産。「子宝」とはなんと美しい言葉でしょう。生まれてきたわが子の姿を見て、私は一生かけても返しきれない愛を受けました。ありがとう、ありがとう、ありがとうと涙が溢れました。感謝するしかありませんでした。

子どもが生まれたことで「普通に生きる道」ができました。これが深い真実です。私が望んでいたのは、まず人として生きていくこと。女性として、家庭の主婦として、妻として、母親として、生きる道が生まれました。これで、みんなの気持ちや考え方がわかるかもしれない……みんなとなじめるかもしれない。

水道水を飲めない次男

長男、次男ともに母乳育児。次男は母乳だけでは足りず、ミルクを足さなければならなくなりました。この子は水道水を飲めず、すぐ吐いてしまうのです。弱りました。この子が飲める水をと探していると、野田さんから、岡山県新見市哲多町の天然水がいいようだとの吉報が届きました。

ありがたい。この水のおかげで次男はミルクを少し飲むようになり、最終的にはその水しか飲まなくなりました。その天然水を買えるだけ買い込んだものの、すぐ足りなくなります。お米のとぎ汁などを併用して次男はなんとか無事に育ちましたが、つくづく思ったのは、やっぱり水は大切なのですね。

ところが採取し過ぎのせいでしょうか、この天然水の水源が壊れたとの知らせが届きました（新見市哲多町の天然水は現在ありません）。「やっぱり商品化されるとこうなるね。でもこれに匹敵する水を探したい」と夫と相談しながら、また水探しです。そうこうしていると、野田さんから「一緒に探そう」とお声がかかり、「あなたならどこに水が出るか見えるでしょう」と促され、一大決心して八百万《やおよろず》の神さまにお尋ねしました。お示しは「みちのく」。「大峰の雫ありてその深き底より溢れたる。白岳とも神岳とも呼ばるるその美しき泉と思し召されよ」とのお言葉。

続いて、

「五葉山より玄武《げんぶ》（北）の処。直と進みて深く入れ」

五葉山は東京から見て北上高地の手前の山。その北は大峰山。「え、山の地下を掘るの？」と地図をめくると、そこは釜石鉱山。鉱山？　ということは、すでに地下深く掘られているはず。

口噛み酒

日本語は音《おん》が大事なのですね。「自ら」を「みずから」といいますね。「水ありき」なのです。ですから水はとても重要なのですね。「自ら水を変えないと」という思いが幼いころからずっとありました。

私は中学生（14歳）のころから、夢で教えていただいた方法で、大切な方々（神さま）に捧げるお酒をつくっていました。当時、金縛りにあったり大嵐が吹いたり、妙なことが続いてつらい思いをしていたのですが、「これでやり過ごしなさい」と伝えられたのが「口噛《くちか》み酒」でした。アニメ映画『君の名は』（新海誠監督）の中に、主人公の巫女が口噛み酒をつくって神さまに捧げるシーンがありますが、あれと同じお酒です。

ごはんを口に入れて噛み、祝詞《のりと》を唱えながらお供え用の瓶に入れ、半年間置いて発酵させるのです。ごはんを炊くときの水がとても大事。清水でなければなりません。満月、新月の夜に完成するように時を合わせ、八大龍王（法華経説法の座に列したという八種の龍王）が祀られている秩父の今宮神社にそっと奉納するのです。14歳から16歳まで続きました。その上澄みで口を漱《すす》げば、金縛りなどから逃れられるからと。でも半年後、蓋を開けると蒸発してしまったのでしょうか、漱ぐほどの量は残っていませんでした。

こんな経験も「吉祥の水」を求めることに繋がったのだと思います。当時は、塩素やトリハロメタンが健康に良くないとされ、ペットボトルのミネラルウォーターが売り出された「水ブーム」の走りでした。

釜石鉱山の水

ともかくいい水が欲しい。まず夫に現地に行ってもらいました。

当時（１９８６年）、釜石鉱山では鉄鉱石の採掘などは下火になり、往年の賑わいは失われていたようですが、丁寧に仕事をしている様子がうかがえたそうです。地下６００メートルまで降りると勢いよく水が噴き出て、光を放って輝いていたそうです。坑内ではその水をドラム缶に入れ、工具やら釘やらを全部そこに入れて保存しているとのこと。でも、工具や鉄製品などを水の中に入れっぱなしにしたら錆びるでしょう？　ところが錆びないというのです。これには驚きました。鉄を錆びさせない水。ということは、身体を錆びさせない水？これこそ求めていた吉祥の水です。

後日調べてみると、「π《パイ》ウォーター」と言われる水ではないかと思い当たりました。πウォーターとは「超微量の二価三価鉄塩に誘導された水」――と定義されています。地球が存在しはじめたころと同等の、還元性の高い、錆びない水。動植物の内部の水と同種の「生命の水」。つまり太古の地球にあったけれど、今日では枯れてしまって現存していないといわれているようです。

そこで「πウォーター」「π理論」を研究していた名古屋大学のある先生を訪ねました。持参した釜石鉱山の水を研究室で分析してもらうと、結果はたしかに「πウォーター」と出ました。しかし先生のお話によれば、「天然の水で、現存するπウォーターは今の地球にはない」とすでに結論が出ている由。あれこれやり取りの末、結局自分たちの手で商品化するしかないという結論になりました。名前は「回帰水」。

加熱や滅菌処理する必要のない生の水。飲料水として保健所の検査項目の全てに適合する天然水です。大腸菌などの細菌は検出されず、生のままのボトリングが可能な水です。口を開けなければ何年でも保ちます。天然そのままの生きている水。同じ水を滅菌したものが化粧品や清涼飲料水メーカーでも使われています。一旦加熱したら生きている水ではなくなり、水そのものが変化して、「モノを錆びさせない」性質が消えてしまいます。地下600メートルの水源から湧く純水の質は今日でもそのままです。

この水を世に出しましょう

こういう水がほしかったのです。こういう水こそ世に出しましょうと釜石鉱山との交渉がスタートしました。生のままボトリングして出荷するには、水源から100メートル以内の場所でボトリングしなければなりません。100メートル以内でボトリング。これが大事なこと。ですから、地下深い坑道に工場を建造するという大変な交渉になりました。工場を作ってくださったのは釜石鉱山。親会社は新日鉄。新日鉄釜石が工場を建設することを決断してくれたのです。

そのころ、鉱山での仕事は少なくなっていたようでしたが、関係者の皆さんは「新しい仕事ができた」と一生懸命協力してくださいました。「水なんて売れるの？」とご心配のようでしたが、「これから水は大事になります」と説明しました。

工場は地下600メートル。現場に入れるのは労働基準法で男性のみ。私は入れません。しかも作業時間は1日4時間限定。地下で汲み上げ、その場でボトルに詰め、地上に運ぶのです。コストはかさみ、価格は高くなりました。でも、すばらしい水が手に入りました。

πの世界は還元性に富み、純粋です。マイナスイオンが多いことから、それを知ったアーティストたちが鉱山内の空洞空間で展覧会をしたり音楽会を催したり、文化施設のようにも活用されていたようです。

この水が身体に入ると、便秘や下痢が良くなり、人間本来の健やかな状態に戻ります。バイブレーションが調っているので、すぐ沸騰する。純粋で、雑物が入っていないから、何をするにも勝手がいい。子どもの舌にはその純粋さがわかるので、「この水がいい」と好んで飲んでくれます。わが家だけでなく、５歳以下のお子さんのいるご家庭ではこの水が欠かせなくなると耳にしました。

非常時の備蓄用としても安全な水です。阪神・淡路大震災（１９９５年1月）のあと、あるお客さんが次のような話をしてくれたのが印象的でした。

10年前に災害用に購入したこの水。段ボールにビニールカバーをかけ、ベランダに置きっぱなし。箱に印刷した文字も消えてわからなくなっていた。水道が止まって飲み水がないからと、おそるおそる開けてみると透明、匂いもなし、生きていた、腐っていなかった、ｐｈが少し変わったくらいで、問題なく飲めた――と。こちらもびっくり。お役に立ててホッとしました。

東日本大震災（２０１１年3月11日）のときも、この水がお役に立ちました。釜石の町は大きな被害を受けましたが、工場は釜石湾からは18キロほど内陸にあったおかげで、被害はありませんでした。磁鉄鉱の大鉱山のおかげでしょうか、放射能の影響もなく、水をすぐに皆さんに提供することができたのです。

アースエネルギー研究所

水道水を飲めなかった次男のために始めた仕事でしたが、あらためてわかったのは、この水はもっと広く多くの人に必要だということ。そのころ、健康相談や人生相談、困ったことを抱えた人が私のところにやってくるようになっていました。特に多かったのが健康面での悩みごと。アトピー性皮膚炎、がんや糖尿病、心臓病、メンタル面の不調、そして子どもたちの病気などなど。

頼まれれば私が手を当てたり身体を調えたりして、体調回復の一助となったようですが、こちらから積極的に行なうことではありません。なぜなら、いっとき身体を調えたところで、ご本人が食事や生活、考え方を本気で変えようとしなければ根治することはなく、すぐ元の木阿弥になってしまうからです。手探りで、小さな実験を重ねていくと、そういうことが少しずつ見えてきたのです。当時、私が思っていたのは、まずは食事。その第一歩として、水の重要性を知ったばかりでした。

さあ、この水を広めようと思ったものの、勝手に小売りをすることはできないことがわかりました。どうしましょう？　右も左もわからないド素人集団。ところが会員制、会員同士の販売ならば大丈夫とのことで、細々ながら会員を募りました。すると新見市哲多町のミネラルウォーターを買っていた仲間が次々に会員になってくれました。そうしてようやく会員制でスタート。

当時、水探しの旅の初めに、私たち一家は仙台へ引っ越ししていました。工場を建設してからは、流通上の環境の整った場所が必要となり、仙台市からさらに気仙沼市・大島に引っ越し。少しずつ愛飲者が増え、本格的に会社を設立する運びとなりました。

水探しを始めて３年目、私たちは（有）アースエネルギー研究所を設立し（１９９１年４月）、ようやく秩父に帰ることになりました。その後、この水は「新生水」（新たないのちを育む水）と改名し、新たなスタートを切りました。

結婚、子育て、水探しとがむしゃらに動き回って、34歳になっていました。あれっと気が付いたのは、人と話すことにもあまり苦痛を感じなくなっていたことです。不思議な感動を味わっていました。

小さな講座

わかったのは、いい水を求めるのはわが家の次男坊のように、どうしてもその水が必要な方、または体調不良で救いを求めている方。そういう方が予想外に多かったのです。その次に健康意識の高い方、さらに精神世界に興味がある方。そのことにも驚きました。

でも皆さんのお話を聞けば聞くほど、何かがおかしいと感じられるのです。基本になる考え方がどこにも見当たらない。いい水だけで済む話ではありません。人として生きる、健康に生きる――その基本をどうしたらいいか。その基本――根っこの部分が弱いという感じなのです。このままでは大変、何とかしなくちゃいけません。考えました。

それには、まずは食事と暮らし、これを伝えなくてはなりません。心のことは身体から、身体のことは心から――両面が必要です。よし、これを伝えよう、自宅で講座を開いたらどうだろう。むくむくと元気が出てきました。

実を言えば、母方の祖母テルばあちゃんのことが心にあったのです。生来病弱でほかの子と違う私は、家人にとっても扱いにくい子どもだったようです。そんななかでじっと見守ってくれたのは、大好きだったテルばあちゃん。

テルばあちゃんは秩父の山奥の山家《やまが》で生まれた秩父育ち。ほかの土地で暮らしたことはなく、学校できちんとした知識を学んだわけでもないのに「何でも博士」でした。かつての日本人がそうであったように、太陽や月の巡り、自然の変化を観察し、知恵として整理し、日々の生活に上手に活かしていました。

とくに身体と食事についての祖母の教えは、歴史の経験に裏打ちされた、理にかなったそれだったと思います。そんな祖母の教えを思い出したのです。やはり……食事と身体は密接に関連しているのですね。

子どものころから自然のいのちと一緒だった私は、元気な人と元気でない人の違い、人間の身体はどのようにして健康を維持しているのか、どうして病気になるのか、身体のしくみがどういうものかなど、医学や健康にずっと興味をもっていたようです。そのせいでしょうか、20代から30代にかけて、私はマクロビオティックやアーユルヴェーダを学んでいました。

その学びの根本は、「食の基本は日本食」。まずはお米。伝統の手法でつくった味噌、醤油、漬け物、麹。発酵食品を主にした、昔ながらの和の食事が基本。

それに、「身土不二《しんどふじ》」（人と暮らす土地は一体。その土地のものを食べ、生活するのがよい――という考え方の仏教用語）。

そんな下地があるところに、いい水を求めて動き回るうちに困りごとを抱えた方々に請われるまま、小さな勉強会でも始めようか……となったのです。よし、やりましょうと自宅の台所を開放して、こぢんまりした講座を始めました。35歳でした。

初めは、まずみんなで一緒に食事を作ること。

料理のしかたではなく、どんな栄養素が大事かでもなく、無農薬にこだわることでもなく、「食べる」とは、「食材のいのちを頂く」とは、「調理、料理」とはどういうことか。「健康＝

幸福＝自然」。これを体験してもらおうと、まず食事づくりを中心に始めたのです。

集まる方は徐々に増え、自宅はすぐ一杯になりました。近所の公共施設や、秩父の奥にある吉田元気村のコテージを借りたりして、1日セミナーはもちろん宿泊セミナーも開くようになり、そのうち食事だけではなく、人としてもともと備わった自然の力を取り戻すアプローチも必要だねと、別の講座もスタートしました。

お互いの身体に触れてその反応を確かめたり、樹木の内部を流れる水の音を聞き取ったりする「タッチングワーク」（タッチする、触れる）。実際に相手の身体に触れて、その微細な動きや変化を感じ取ったり、コップ1杯の飲み物から、その味や触感、変化を感じたりするのです。まずは味覚、触覚、さらに視覚など五感で味わう体験ワークです。

ワアワア言い合いしながら実践していくと、身体や心がちょっとずつ変化していくのがわかります。健康とは何か、食事と自分の関係をどうしたらいいか。すると、自分とはいったい何か、どうあるべきか——そんなところに意識が向かい、徐々に、心と身体の浄化が起きてきます。

自然界の力に気づくための「ESP《エスパー》講座」も生まれました。ESPとは、extra sensory perception（超感覚的知覚）の略。私は「超自然」と捉えています。本来誰もがもっている、いのちの力です。「エスパー」と聞くと皆さんは「特別な人に備わった超能力」と受け取りがちですが、そうではなく、もともと人間に備わった能力や資質のこと。それを思い出そうというわけです。

本来人間は、太陽や月の動き、風や空の様子を見て、作物を育てたり、身体の変化に気づいたりして自分を調整しながら暮らしていました。このあたりのことは、子どものころから感じ取ってきた私の得意分野です。自然と対話していたあのころの知恵がこんなふうに活かせるならと、苦かったあのころの出来事も笑いながら話せるようになりました。

旧暦人気

このところ「旧暦」が人気だと耳にしますが、たぶんそれは、暦というものが自然の運行を観察し、読み解き、表わしたものだからでしょう。つまり暦、とりわけ「旧暦」は日本人の叡智がぎっしり詰まったバイブルだからです。

日本の伝統的な行事は旧暦で作られていますから、西暦に合わせてしまうと、季節感がどうしてもズレてしまいます。たとえば７月７日。織姫《おりひめ》さまと彦星《ひこぼし》さまが年に一度逢瀬するというこの日は梅雨に入ってしまい、天の川はなかなか見られません。

旧暦で表現される〝生きている季節感〟はとても大事です。近代的な器具に囲まれてしまったとはいえ、その気になれば私たちにも自然の動きが感受できるはずです。特別な超能力を開発するのではなく、余計なものを外し、学べることを学びましょう――そういうところから旧暦講座も始めました。

もちろん、体調不良の方の身体に手を当てたり、悩み相談のようなことも必要に応じて行なっていました。自然の法を感受・体験する心身調律のコースも人気でした。

小さな会合としてスタートしたのですが、やってみると、あれもこれもと次々にテーマが浮かび上がってくるのです。チラシ1枚出すことなくこぢんまりと始めたのですが、口コミで徐々に人が集まって、自宅はいつも人でいっぱい。病気の人、悩みごとだらけの人、本当の幸せってなんだろうとあちこち尋ね歩いてここに辿り着いたという人、わいわい大騒ぎで、大笑い。まるででっかい家族ができたみたい。

いいなあ……こんなふうに人と手を取り合って生きていけるんだなあ……。他人と対話することのなかった、孤独だった時代を思い出しながら、何か大きな、大事なものに触れたような感じです。少し元気が出てきました。

TM瞑想

秩父での暮らしがようやく落ち着いたころ、野田さんからTM瞑想のお話がやってきました（39歳）。3人目の子どもが2歳になってようやく手が離れたころです。野田さんが紹介してくださった方がＴＭ瞑想の第一人者鈴木志津夫先生です。

ＴＭ瞑想とは、Transcendental Meditation（超越瞑想）の略称。マハリシ・マヘーシュ・ヨーギー（１９１８〜２００８年）によって１９５０年代に知られるようになった瞑想法です。目を閉じ、心のなかでマントラを唱えながら徐々に神経活動を抑え、意識を深く導くことで最高の境地に達するのです。マハリシ総合教育研究所が日本各地に支部をおき、健康増進や能力開発、またアーユルヴェーダなどの講習活動を行なっていました。

品川のセンターに通い始めると、なんと初心者の私に、基礎コースの内容がスラスラとわかってしまったのです。「入門後、半年たたないと上のステージには行けない」という決まりがあったようですが、鈴木先生が「時間がもったいないから」と3カ月で飛び級させてくださいました。

次はシディコース（空中浮遊《フライング》コース）。２週間の合宿コースの初日。私は難なく、空中に浮いちゃったのです。残りの時間、何をすればいいのかなと思っていると、「あなた、成功したのですから、お休みしていいですよ」。

ふとまわりを見ると、うまくいかない人もいます。時間は過ぎる、だんだん焦る、気分も表情も暗くなる、暗くなれば、なおさらうまくいかない、体調もおかしくなる……。ついつい私はその人に触れ、詰まりを流しちゃったのです。本人はスッと具合がよくなった。苦戦していたプログラムもうまくいった。

「どうしたの？」と聞かれたご本人は、「なんだかよくわからない、でも、頭のなかも身体もスウーッとすっきりして、あったかくなった」と気持ちよさそうです。まわりの人も驚いていました。

私は、ちょっと手を当てただけ。私が誰かに触れると、天の川銀河のシャワーがその人にも降ってきます。ストレスや余計な思考が多すぎると、身体のまわりを覆っているメンタル体というオーラ層がガチャガチャに荒れ、身体にも意識にも悪影響を与えます。まっとうな思考ができなくなる、身体が固まってしまう――そんな具合。こちらに相手を治そうなんて気はありません。詰まりを調える、それだけ。

この状態をヴェーダでは「サトヴァ」と呼ぶそうです（後で知りました）。

本当は、相手に触れる必要もなく、ただ意識するだけでいいようですが、そのときは、つい手を当ててしまったのです。このときの手当ての話が鈴木先生にも伝わったらしく、「やっぱり君は面白いね。こういう類の人は、船井先生が好むかも……」と笑いながらおっしゃいました。後日、鈴木先生はまるで珍しい手土産でも持参するように、私を船井先生に紹介してくださったのです。

高天原の光景

とにもかくにもシディコース、ＴＭ瞑想は楽しかった。

ＴＭ瞑想を実践しながらシディコースへ進み、合宿で空中浮遊《フライング》コースを重ねていくと突然、自分がある風景の中にいることに気が付きました。地上にある場所ではなく、過去世で住んでいた郷《さと》でも、見覚えのある風景でもありません。ですが、はっきりわかりました、ここが「高天原」だと。

生き生きした霊気、透き通った清らかな空間、エメラルドグリーンの緑、クリスタルの輝きを放つ水、人々の柔らかさ、しなやかさ。鳥、花、草、虫――なにもかもが調和的で、朗らかで、温かく、美しく、清らかです。何とも表現のしようのない懐かしさに光り輝いています。ああ……これがこの地上の本来の姿なんだ、この高天原こそ人の世というものなんだ。地上の楽園、惟《かんなが》神《ら》の神世《かみよ》、弥勒世《みろくよ》――伝え聞いた本来の世界。求め願っていた人の世は、この高天原。きっとそうに違いない、シディコースで浮遊したこの世界こそ高天原だと確信したのです。

感受したこの光景を現実の世界に実現できないだろうか。地球《テラ》と私たち人類と、地上に生きる全ての生命たちが光り輝くために。

私は心の奥からはっきりそう感じ、そう受け取ったのです。以来、高天原というこの感覚が、私の中心軸になったのです。

ＴＭ瞑想やシディコースが楽しかった理由は、たぶん、野田さんやその関係者たち、日本心霊科学協会で知り合った方々、そして鈴木先生に連なる人たちとのやりとりがまことに自由闊達で、遠慮なしに会話ができたからだと思います。生活の中に新鮮な空気が流れてきたように、喜びと快感が溢れていたのです。

それまでの私は、愛嬌のない、孤立を好む、融通の利かない女。自分の内から出てくる不思議な力が何なのか、それを何と呼ぶのか、どう扱えばいいいか。ボキャブラリーも、その現象を説明するレトリックも何も知らない人間。知らないから説明しようがない。お筆先、お口先、予知、千里眼――それに幽霊、祟り、悪魔、鬼、気の障りなどなど。

たぶんあのころの私は、そういうものは「絵の中にあるもの」とばかり思っていたのです。

たとえば観音様。まさしく観音様がそうでした。

秩父には34カ所もの観音札所があり、そこには観音様の絵があり、観音像があり、どういうお助けをしていただいたのかの説明書きがあり、御詠歌にもなっています。絵空事のように観念として私の頭のなかにインプットされていたその状景が、実際自分が目にしたことのように、この人たちとは会話ができる、ちゃんと話が通じる——それが嬉しかったのです。

OSHOとの出会い

水探しの拠点だった気仙沼市・大島にいたころ。私は新王平《しんのうだいら》という海岸べりをよく散策していました。ある日ふと見ると、海の上をこっちに向かって歩いてくる人がいます（海の上ですよ）。何かメッセージでもあるのかなと見ていたのですが特に何事もなく、その人は海の上をそのままお帰りになりました。濃いヒゲ、彫の深い印象的なお顔立ち。どこのどなたかは存じ上げません。

それからおよそ10年後、秩父。

新生水のための「アースエネルギー研究所」を開設し、アーリーハウスを建て、アーユルヴェーダの「オイルトリートメント」を始めようとしていたころです。

もともとアーユルヴェーダを普及させようと先陣を切ったのがハタイクリニックの幡井《はたい》勉先生です。それを具体化するため、東洋伝承医学研究所のクリシュナ先生を中心に、講義やオイルワークなどの実際面で、高橋佳璃奈《かりな》先生が直接指導するようになりました。ですから高橋先生は私の師匠です。

その高橋先生が「タモさんに会わせたい人がいる。その方の日本での活動を支援してほしい」と紹介されたのがドクター・サダナンダさんというインド人。彼の父親がＯＳＨＯの主治医（アーユルヴェーダ医学）というお話でした。そのサダナンダさんがわざわざアーリーハウスにやってこられたのです。彼が語ったのは「マハラジ千年計画」という壮大なビジョンについてでした。サダナンダさんのすぐ後に、ＯＳＨＯの一番弟子というスワミ・アサンガさんがやってこられて、当時私が一生懸命になって探していた、ＯＳＨＯがまとめた『ウパニシャッド』の教典本を、「これは、ＯＳＨＯからのプレゼントです」と、さらにＯＳＨＯの『無水無月・NO WATER　NO MOON』という禅の本を、「これはぼくからのプレゼント」と言って取り出すのです。

OSHO

ＯＳＨＯからのメッセージにはこうありました。

「あなたは禅です。そのことで自分を語りなさい。禅に生きてください」

むろん当時、禅なんて私には無縁です。（何言ってんだろうこの人……）と思いながら本を開けると、パッと目に入ったのがＯＳＨＯの写真。見た瞬間、（あ、この人、気仙沼市・大島の新王平の海に立っていたあの人）とひと目でわかりました。なるほど、ここに繋がるんだ！

私はここで禅とは何かを知り、禅の世界――「禅生活」を徹底的に教わりました。その道は、まさに私が求めていた「生きる」ことでした。生きる、自分らしく生きるとは、森羅万象、天地万物のひとつであるいのちを生きること。

禅寺で坐禅を組むような単なる禅修行ではなく、日常の暮らし全てのプログラムに、禅の世界観を入れる――お茶やお花からその哲学、挙措、構えに至るまで。喫茶去《きっさこ》（「お茶でもどうぞ」）、日々是好日（あらゆることを受け入れて淡々と生きる）、中道淡味《たんみ》（美しい奥行き）などなど。それを生きる楽しみのなかに取り入れるのです。人間本来の姿を見たような気がします。

ＯＳＨＯとマハリシ

さらにそこから、ＯＳＨＯのダンス・メディテーション（動的瞑想法）を実践することになりました。どうしたら自分自身に気が付くか――これがテーマです。

ＯＳＨＯは、坐禅のような静的瞑想だけでは自分自身に気づくのが困難だとして、動的な瞑想を重視していました。動きながら、踊りながらの瞑想。スポーツで心身をすっきりさせるように、身体を動かしながら感情のわだかまりを外に吐き出す瞑想法です。

それには「サニヤス」（自己探求）という、問答しながら入っていく方法論が一緒についていました。世間ではＯＳＨＯの弟子たちを「サニヤシン」と呼びますが、その意味は、「内的宇宙を探求する者」ですね。ＯＳＨＯの教えで内的宇宙を探究する者を「ＯＳＨＯサニヤシン」、マハリシの教えで探求する者を「マハリシ・サニヤシン」と呼びます。

気仙沼の新王平の海で見かけたＯＳＨＯ。そのあとで知ったマハリシ。動の瞑想と静の瞑想。

真の意味で、言語をどう用いるか（論理学《ロジック》）を教えてくれたのがＯＳＨＯでありマハリシでした。おかげさまで、この世の中のことを見る目がグンと広がり、人として生きるのがとてもわかりやすくなったような気がします。

マハリシ

ＴＭ瞑想からシディコース、そしてヴェーダ科学。マハリシ・サニヤシンの皆さまとの交流、マハリシプロジェクトのサポート、アーユルヴェーダのパンチャカルマをみなさんに推奨したり、またＯＳＨＯのお弟子さんとその仲間たちの助けをいただいて、私は少しずつ「自分を取り戻す」ことになったのです。

（第4章）

時を読む

天のオヤ

物心ついたころから、ときおり誰かが語りかけてくることは前に書きました。

「タ……モ……」と聞こえてくるあの響き。深く、懐かしい響きを聞くたびに、（懐にすっぽり抱かれたような）いつも一緒にいるという安心感を覚えたものです。そのうちにその誰かを「見えないオヤ」とか「天のオヤ」と呼ぶようになりました。


小学2年生のある日、部屋でぼんやりしていると、こんな声が響いてきました。

「本当は、ひとつ。見え方はいろいろ」

それまでの声は身体に直接伝わるようなボワーッとした感覚だったのが、はっきりした言語として感じられたのです。ああ、やっぱり見ているんだと思いながら、でも、私が話しかけても返事はありません。鳥や花たちとのような対話はできません。ただ受け取るだけ。

出家しようと尼寺を訪ねた16歳のころ。その声は、それまでと違ってはっきり意思を伝えてきました。

「タモなればこそと思いゆくなり。それにて然り」

（タモだからこそ……どうあったとしても、あなたを待っていますよ）という意味でしょうか……何を求めているのでしょう？　こっちだって大変です。生きるのがやっとなのに、（私は何もできません。誰かほかの人をお訪ねください）と、心のなかで拒絶していました。

再びその声をはっきり聞いたのは、結婚を決めた26歳のころです。

自分のこれからをひとり深く見つめていた深夜、低く深い響きをもった声が響き、次のような言葉が聞こえました。

……太始《たいし》太一《たいいつ》　久遠《くおん》ナルモノ　始まりの初めなり
……ワレ　すなわち　一点なり
イ　の　モト　なり
〈イのイ〉〈モトのモトなり〉
初めなりて　始まりなり
一点ゆえに　ヨロズ（萬）をアラワス
太極《たいきょく》の太極なり――

小学2年生のときに聞いた「本当は、ひとつ。見え方はいろいろ」。あれはこのことを言っていたのではないか？　『創世記』の中にあった「創り主はひとり」――これも同じことか？

始まりの初めなり
……ワレ　すなわち　一点なり
〈イのイ〉〈モトのモトなり〉

そうか、みんな一点から始まっている。

それがイのイ。

それが根っこ。根源。

そこから始まっている、それから離れたことなんてないんだ――。

ふーん……そう受け止めると、安堵に包まれるような気がします。本当のことを言えば、いま私がいるここはなじめない場所。でも、少し折り合いがついたから、いる。なんとかやっていける。安堵感に包まれるというのは、自分の生きていく基盤ができたような感じ。と同時に、私の違和感はこのあたりから来ていると改めて確認しました。


本当は、ひとつ。見え方はいろいろ。

そうなのです。ずっと一貫して、それが私の見方だったからです。

家族も、クラスメイトも、花も木も太陽も、どれも姿は違っても、本質というか根っこは同じ。容姿も性格も特徴もみんな違う。違うのが当たり前。その違いを、おかしいとか、うらやましいとか思ったことは一度もありません。全て自分と同じ生きものだから。創り手がひとつだということがわかれば、そこから発生しているもの全ては同根、仲間。


そんなふうに受け止められるようになると、気持ちが楽になりました。まわりのみんながやっているように、自分も人並みの、世間並みの生活をしてみようと思ったのです。

みんなと同じように働いて、結婚して、子どもを育てる。そうしたらもっと創り手の気持ちがわかるのではないか。そう思った半分は、日々の辛さから逃げるような気持ち。もう半分は、根源と誰かのために、この現実をしっかり生きよう、テラのためにも、自分のためにも、全てのいのちのためにも……という気持ち。

言葉は「光十波《コトハ》」

言葉の元はコトハ「光十波」です。まず光。光として現われ、それを波に乗せて伝えます。

全てのものは光と波の粒でできていて、光は波に乗った姿形で表わします。

私に聞こえてきた深い声は、こう語りました。

「コトハ」なるは、まさしく「アヤ」（「綾なす織りなす」のアヤ）のにてあらわれ出づるものなりて
姿ありゆき　形となさんがための「コト」なり
すなわち「モトメ」なりて
「アオ」（蒼、決まりごと、ルール）なる質　ありゆかばこそ
「フカ」なりゆきて　生まれ出づるが常なりて
これこそ元の気　全きにおいて　源流なりて　ススメ　ユク
「ユク　ミチ」となりゆくなり

すなわち　すべからく　全て　アリとアラユル　諸々なる
在りゆく　もののもの　在りゆきて　在りゆく
存在なるは　すべからく「コトハ」　元の気あらばこそなり
元の気ありて　元気なること
すべからく　全きことなりて

質にあらばこそ　「ハタラキ」　まさしく　全きとなりゆき
完全なること　となりゆくなり
これこそ　「イノチ」　そのものなり

コトハは元気（元の気）のこと。イノチがあって、行動も完全ということになります。イキイキできる元。だからみなさん「お元気?」「元気ですか?」と挨拶するんですね。「元の気がちゃんとしていますか?」「コトハがちゃんと流れていますか?」と。

聖書にも「初めに言葉ありき」とありますが、もともと日本語は、神々や根源を讃美するための祝詞でした。たくさんの情報を記憶できなくなると、それを記録し、よみがえらせるための道具としてできたのが文字です。

本来、文字や言葉は、源である創り手の神々とのコミュニケーションを図るものでした。文字や言葉として語らなくても、本来全てが通じるものです。でも、それだけだと耳で楽しむことができず、その響きを感受することもできません。せっかくだからもう少し楽しみたいと、日本の言葉は和歌から始まったのです。たとえば次の一句（『古事記』）。

倭《ヤマト》は国のまほろば（真秀）畳《たたな》づく青垣　山籠れる　倭うるわし（倭 建 命《ヤマトタケルノミコト》）

「まほろば」は「もっともすぐれた場所」の意ですから、青垣の家が重なり、山々に囲まれている、もっとも美しきわがふるさと倭よ——と、郷里を詠ったのでしょう。意味を詮索する前に、まずその感じです。それを味わって、状景を想像してみるのです。晴れ晴れとした気分が満ちてきませんか。丸ごと暗記したい一句です。

だんだんわかってくるものがあります。

和歌は音《おと》と音《おん》の響きで、そのエネルギーと意味を表わします。それらは共振共鳴し、やがて力を持った現象になります。文字は、それを具現化する力を持っているからです。「ありがとう」がたゆたう世界では「感謝」が生まれ、「こんちくしょう」が響いている世界では「不幸」に近いものが生まれます。

つまり言葉の本当の意味とその作用を知ることで、私たちは、自分の想いに叶う生き方ができるようになります。大きな矛盾がない限り、本当の言葉はその世界を自ずと実現させていくのですね。そういえば、私のお筆先の始まりも全て和歌でした。

自立する――38歳の決断

26歳のときに聞こえてきた、

「……太始太一　久遠ナルモノ　始まりの初めなり

……ワレ　すなわち　一点なり」

というオヤの声は、私の苦しみや「人間として生きる」という意思を理解した上で発せられたような声でした。天のオヤの声だと理解しながら、同時に、オヤはわかっている、だからその声は私自身の意思なのだと受け取ったのです。

その後すぐに結婚、出産、子育てに仕事と、身体がいくつあっても足りないような忙しい日々が続きました。静かに自分の時間をもつ余裕もありませんでした。そんな私に大きな転機がやってきました。38歳のときでした。こんなふうに考えていました。

生まれてからこの方、私はずうーっとやられっ放しだった、やられっ放しの人生から自立しなければいけない、そういう場で生きるのはもうやめよう――。

「新生水」の動きも忙しくなり、経済活動のメドもつき、さらに自宅で始めたセミナーも軌道に乗り始めたころです。日本心霊科学協会で学んだ、目に見えない霊魂の世界。そこから色濃く出てきた神通力、霊視、千里眼、お筆先、透視能力などなど。結局、霊能者たちとあまり変わらないことをしている自分。

そんなところで汲々として生きている自分に、なんかおかしいなと感じたのです。

違う、こんなんじゃない。もっとトータルに、人としてまっとうに、ちゃんとした人生を生きなければいけないと感じたのです。

そのあとTM瞑想を学び、シディコースも無事終えました……。でも、違う。何かが違うのです。（……こんなんじゃない、こんなはずがない）靴の上から痒い所を掻いている感じ。そんなものは嘘っぱちという感覚。

外に向かって表現するのではなく、自分の身体の奥の奥の、ずしりとしたところに行かないといけない。もっと静かで、もっと潤いがあって、もっとどっしりしているところ。浮ついた、キャーキャーする場ではなく、マグマのような、根源的で、不動で、荘厳で、重厚で、明確なもののあるところ——これまでと違うところ。

心底、そういう根本的な場をベースにして生きたい。

極論すれば、アイルのこともミツのこともどうでもいい。もっと深く、清く、尊いところ、そこで生きたい。ある意味、これまでの自分を超えたところで、独立宣言しなければならない——そういう想いで膨れ上がっていたのです。

垣間見た高天原

もうひとつあります。前にちょっと触れましたが、日本心霊科学協会の祖霊祭に参加したときのことです。祖霊祭の最中に、私の心中とは違う、別の世界がはっきり目に入りました。祖霊たちが、のんびりとくつろいでいます。清々しい空間、晴れ晴れとした空気。そこは、いわゆる高天原でした。天照大神《あまてらすおおみかみ》、月読命《つくよみのみこと》、須佐之男命《すさのおのみこと》らの神々でしょうか、『古事記』や『日本書紀』にあるような、古来から伝えられてきた神々がゆったりと生活しています。日本人の魂の原型のような状景です。その様子を覗けば覗くほど、「あ、ここが根本だ」と感じられました。それがすっと目に入ってきたのです。

ああ……この状景を観たからにはもう無視できません。この状景を抜きにして、たとえば中国伝来の仏教やキリスト教を中心に置いて、そこに自分の人生を成り立たせようとすることができるでしょうか。いや、それは到底無理――という想いです。その状景が結晶して、ああ、これは逃れられない、「この世を、本来あるべき高天原に昇華させなければならない」と強く思ったのです。

たとえば秩父神社の神主さんは、神社のご祭神から離れられません。ご祭神に精魂込めて尽くします。ご祭神は、自分の元、原点、魂の根本、根源です。その思いは霊魂のレベルで結晶していて、たぶんここから永久に離れられません。

こと神々については、アメノミナカヌシ、タカミムスビノカミ、カミムスビだったり、俗に「惟神《かんながら》」と言われる神々が私のなかに息づいています。ここが私が生きていく根本。ここに立脚しないと生きていけないところ。それが欠落すると、私は単なる宇宙人になるだけ……と感じたのです。

ちょっと前まではそうではありませんでした。尼さんになろうとして寺にも通った、キリスト教にも行って、結局牧師さんと大げんかしたこともあります。それらが全部だめで、日本心霊科学協会で観た、高天原と神々の状景。「ああ、ここに原点がある」と感受したあの感覚。それは否めません。こういう基本の流れが自分の内にある――ということにはっきり気が付いたのです。

これとは別に、シディコースのプログラム中、フライングプログラムを重ねていくと突然、自分があの風景の中にいることに気が付きました、高天原です。とてもリアル。かつて一瞬垣間見たあの高天原が、はっきりと時空を伴って現われたのです。これこそが私たち人間が行くべき理想郷――という想いが胸の奥深く結晶した瞬間でした。

神々の郷、日本

日本は、森羅万象、八百万の神々の住まう郷です。風であり、山であり、雲であり、木の葉であり、枝であり、草木であり、輝きであり、四季と呼ばれる変化であり、その現われ全てが神なのです。そういう原点が私の奥深いところで明確になったのです。

日本人が本来「神」と感じ、美しいと思い、敬っているのは、この自然の、この宇宙に現われる四季の美しさ、そこにある森羅万象なのです。それをとらえる感受性が原点になって、人それぞれのもっとも奥深いところにある、もっとも荘厳で、もっとも美しいものと相通じるのです。

それゆえに、本来この世は高天原なのです。

神々、人々、そして森羅万象——それなのです。

日本人は四季折々の季節感が織りなすなかで暮らし、生き、それを後世に伝えるという知恵を大事に暮らしています。四季があるということが、まず大きな特徴です。自然が四季折々の変化を生み、多彩な形をとっている。それが日本の基本だと思います。四季があることが日本の美しさの原点です。

その変化を暮らしのなかで楽しみ、味わい、それを衣食住の中で伝えていったものが日本の精神だと思います。小泉八雲のように外国人であっても、それを感じ取って暮らしていた人もいます。それが一番わかりやすい形をとったものが神道だと思います。

八百万の神というように、この世の存在全てに神が宿るという考え方。私はそれが大好きです。自分は自分だけで成り立っているように思っている人もいますが、決してそうではありません。自分では、空気ひとつ作れません。生き死にも、自分ではどうすることもできません。数え切れないいのちが重なり合って、私たちは生かされています。

人だけではありません。動物、植物も、それらを生かしている地球も、宇宙も、全て同じです。

私の産土《うぶすな》神社は秩父神社です。産土神社というのは身土不二と同様、生まれたその土地の神様です。私が生きている間、ずっと見守ってくれる神様です。ここに生まれた私は、生後1カ月目のお宮参り以来、毎月1日と15日にお参りを欠かしたことがありません。季節ごと、あるいは何か気になることがあれば必ず神社に行くようにしています。鎮守の杜から自然の叡智をいただいたり、お宮の全てから清気を授かったりしてリフレッシュしています。

神道、あるいは縄文時代から続く古神道にはおよそ1万4千年の歴史があり、そこにはあらゆる叡智があります。それを生きることで、私たちは自分のなかにある本来の力を知ることができると思っています。

大切なことは、一に戻ること、初心に戻ること、根源に帰ること。親や先祖がいる郷のことを思うことだと思います。郷の便りを心で読むこと。それが「響」ですから、神参りは大事な神事となります。あなたはあなたの産土様を大事にしてください。

この道で生きると肚をくくる

40歳のころ、マハリシのインド占星術のミシュラ先生に、「ジョーティッシュ」で私の星回りを見てもらう機会がありました。ジョーティッシュとは、サンスクリット語で「天文学的な光」の意味で、インドのヴェーダ占星術です。ミシュラ先生は数千年にわたってそれを受け継いでいる伝統的な家系の方でした。

というのは新たな拠点アーリーハウスが動き始めたばかりのころで、始めたものの、運営も経営もわからない。スタッフは何人必要か、経営とはどうするのか、どう人に呼び掛けるのか、どうしたら借金を返済できるのか——そんなことをミシュラ先生にお尋ねしたかったのです。会場に向かう電車の中でなぜか突然、（赤いバラの花束を３つ買わなければ）という思いが強く湧き、抱えきれないほどの花束を抱いて会場に向かいました。順番が来て部屋に入ると、そこにはミシュラ先生とおふたりの通訳スタッフ。（あ、こういうことか）と思いながら花束をお渡しすると、ミシュラ先生は目を見開いてこうおっしゃるのです。

「私は世界中でコンサルテーションを開いていますが、こんな儀式を受けたことはありません。あなた、誰に教わったの？」

「いえ、自分でそう思ったのです」と私。

ミシュラ先生はにっこり笑みを浮かべて「あなた、正しいです」

その後、私の占星術チャートの説明に40分ほどの時間が過ぎました。ふと見ると残り時間は5分しかありません。大事な質問をしなくてはと口を開きかけると先生は、

「これで終了です。あなたからの質問は受けません。あなたはあなた自身を知るべきです。そして全て直観で進みなさい。そもそもあなたには正しい能力があるのだから」

として、こう付け加えました。

「直観とは、人間に備わっている超自然的な本来の判断力。現在、過去、未来に開かれている全ての知性。正しい答えがわかる能力のことです。あなたにはすでに備わっています」

どういうこと？　このままでは帰れません。勇気を振り絞ってお尋ねしました。

「スタッフをどうすればいいでしょう、お金の算段はどうすれば……？」

先生は、

「お金はやってきます。それは、あなたが思うよりずっと多く。スタッフの人数はあなたが思うまま。あなたにわかるはずです」と答えは一貫していました。

そこで肚をくくりました。

自信があろうとなかろうと、自分を疑うのはやめたのです。これまでの不思議な出来事全てを信じられないにしても、自分にはその霊能力がある。それをまず認めなければなりません。だから、もう迷わない、疑わない。このままの自分を受け入れて生きていく。統合したのです。

宇宙のオヤが言っていた「タモなればこそと思いゆくなり。それにて然り」を思い出したのです。いいでしょう、わかりました。それでやっていきましょう。私は心底本気で納得し、受け入れたのです。

すると、もうひとつ、得心することがありました。ずっと以前から届いていた誰かからの声、「神は成果を求めていない。あなたがあなたで、幸せであればいい」。それがストンと肚に落ちたのです。外部の何かに合わせる必要はなく、自分の直観を信じて進めば自ずと答えは出ると。

すでに私には夫と3人の子どもがいます。仕事もあり、スタッフもいます。人間として生きていくという決意に揺らぎはありませんでしたが、自分の能力を認め、それを受け入れる覚悟ができたのです。こうして岡田多母としての新しい人生が始まりました。

情報は自分のなかにある

天のこと、根源のこと、アセンションのことなどを口にすると、多くの方から「なぜそんなことわかるの？　誰に教えてもらったの？」とよく聞かれます。私は何かの情報を得るためにどこかに意識を飛ばすわけでも、巫女のように神託を下ろしてもらっているわけでもありません。そういう質問には、「情報は自分のなかにあります」とお答えします。

私たちは、根源の一要素、一表現です。それゆえ根源の情報は私たちのなかに常に流れています。自分と宇宙はそもそも分離していないのです。宇宙のことは自分のこと。だからわかるのです。

そのためには、知りたいものに焦点を合わせてレンズを替えるとか、五感の目で見るとか、量子の場で見るとか、根源の映しの領域で味わうとかで情報にアクセスし、それを感受することで、いつでもそこに繋がります。自分の内のスイッチを切り替えながら、この世の様子、宇宙の様子を眺め、根源とともに過ごしています。

私たちはもともと光です。光そのものの顕れは「映し」です。本来、この世は鏡の世界なのです。根源をそのままに映した顕われを、私は「時」と呼んでいます。「時」とはこの世では価値を持つもの。根源の思いをそのまま映した顕われであり、その全てがいのち。そこに価値が宿っています。ですから時を観れば、太極を知ることができます。

たとえば稲。稲の最初の形は種籾《たねもみ》です。

種籾を土に撒けば、芽を出し、茎が伸び、穂が開き、花が咲き、やがてお米ができます。種籾を割って中を見ても、どこが穂になり花になり実となるかわかりません。でも、１粒の種には、全て未来へ向かうプログラム、稲のいのち――が内包されています。

同様に、私という人間の一生にも、蟻の一生にも、星の一生にも、未来へ向かうプログラムがあり、いのちという価値があります。生命の長さは関係ありません。それぞれのいのちは全て、いまこの瞬間、未来に向けてそれぞれの価値を開きつづけています。ベクトルは決まっています。向かうのは新しい方向、より幸せの方向です。そこに向かって、他のいのちと交流交歓しながら進むのが本来の姿です。

そのように生きていれば、自分が生まれてきた使命もわかります。もともと私もあなたも、いのちのプログラムを携えて生まれてきたのですから。時を読むとは未来の状景を観ることに繋がり、まだ具体的になっていない未知のことを、具体的に、物理的に創造したり、創り変えたりできるはずです。

未来を創り変える

未来を観る？　創り変える？　本来、みんなごく当たり前にしていることです。ふだん、人は未来のある時点から現在を観て、具体的なプランを立てて行動しています。現在は、過去の継続の結果――ではありません。思いが先なのです。

たとえば、友だちと京都に遊びに行くとします。日程を合わせ、新幹線や宿を予約して手帳に「京都に行く」と予定を入れることで、未来を創造しているのです。そのように先取りできるなら、あるはずの厄災をないものにひっくり返してしまうこともできるはず。ありたい方向に意識を集め、それを皆と共有しようとして時を観れば、このままいくとこうだ、その反対はこうだ――とわかります。

そんなことできない、と思うかもしれません。でも何かを買いに街に出て、突然気が変わって全く別のものを買ってきたことがあるでしょう。それと同じことなのです。「でも、それは私個人のこと。これから起こる世の中のことなんて、私に繋がるはずがない……」と思うかもしれません。

そうでしょうか。世の中の出来事は他人事《ひとごと》ではありません。自分事です。なぜなら、あなたはこの地球に生きているから。みな、自分事です。自分のことなら、自分で変えられるでしょう？

ひとりの力は微小ですが、ゼロではありません。そのように「未来」を観るからこそ、人間は発展してきたのです。技術の進歩は脳みそだけの功績ではありません。

たとえば飛行機を発明したライト兄弟。なぜ、飛行機を作ろうと思ったのでしょう。鳥を見て、飛びたいと思ったのでしょうね。そこで翼のある飛行機もどきを試作した。何度も失敗し、その都度打ちのめされ、でも「飛べる」と信じて進んだ。プロペラの回転数をどう上げるか、浮力をどう上げるか、空気抵抗をどう減らすか、未知の領域を必死に考えたに違いありません。

鳥を見て、飛びたいと思った。だから飛行機ができた。同様に人間だから、現在にない何かを求めて、あるイメージを馳せ、未来を創造するのです。

ところが今日、多くの人はその力を閉ざしています。理由はいっぱいあります。スケジュール、仕事、お金、時間――人間界の決まりごとや損得に縛られ、本来の生き方ができなくなっているように見えます。本来人間に備わっている、この世で生きていくのにぴったりの秩序から離れていますす。外からの情報に頼りすぎているせいかもしれません。

情報はすでに過去のものです。過去からの延長線上の情報を見て「このままいけば、こうなるだろう」と予測をしても、未来は開けません。でも、変えることができます。

現在の宇宙の様子を見て、「このままいけばどうなる?」と聞くのはナンセンス。「どうなるか?」ではなく、ポイントは「自分がどうしたいのか」です。「大難を小難へ、小難を無難に、無難を無事にするために」私たちは、未来を創るのです。

危機を察知する

たとえば航空機事故。多くの人が亡くなります。当初乗るはずだったのに、何らかの事情で乗れず、九死に一生を得る人がいます。遅刻した人、急遽キャンセルした人。その違いはどこにあるのでしょう。

「なぜその人は助かったの? 運命? ご縁?」そんなふうに人は理由を求めます。

何者かに選ばれたとか、神に救われたとか——ではないのです。善人か悪人か、性格の良し悪し、徳が高いとか業が深いとか、それも関係ない。

そうではないのです。本来生きものは「あ、これはおかしいな」と、どこかで危険を察知する能力が備わっているものです。ですから「なんとなく違う。これじゃない」と感じたら避ける、やめる。

危険を避ける力と、「自分はどうすべきか」は、もともと同一で搭載されているのです。「おかしいな」と思ったら、やめればいい。感じたものに従えばいい。その選択が正解だろうが間違いだろうが、そんなことはどうでもいいのです。

でも現代人の多くは、その力が覆われてしまっています。「会議に参加するには、何時の飛行機に乗らなくちゃ」とこの世の時間に縛られ、それを何よりも大事にしているように見えます。

野生の動物は、そんなことしません。運も不運もありません。自分のいのちに直結することは、自分でわかるからです。人間はもっと、生命や安全性に関して「しっかり生きる」という意志を持たなければ――と思うのです。

自然法

地球には「自然法」という独自の理《ことわり》があります。地球上での営みを正常に行なう自律法です。この惑星で生きるのにぴったりに創られていて、それに則って生きれば、無駄な苦しみや悩みはなく、スムーズに健やかに生きられます。

もちろん私がいたあのテラも、そこに生きる人間や動植物も、自然法のプログラムの中にありました。同じ仕組みの上に、宇宙的、地球的変化が常にあり、動きが起こり、全てが連動して生きていました。テラも私たち人間も、一瞬たりとも同じところに留まることなく変化変容しています。その変化に合った生き方をする。それが自然法に則った生き方です。

地球全体のプログラムは宇宙全体と調和するように、常に働いています。

窓の外でちょっと風が吹き、枯れ葉が飛び、だれかの髪を揺らします。ほんの小さな変化にも対応します。バランスさせるその動きは機敏で、あっという間です。完璧なタイミングで瞬時に変化し、次の統一性をもたらします。万華鏡のようにパッパッと即応し、調和を図っているのです。そういうメカニズムとプログラム——意思の営みによって私たちは守られています。

その理は体内でも働いています。人間の身体は常に微妙にホルモンを変え、血圧を変え、内臓の働きを調整し、バランスをとりながら健康を保っています。

地球上で暮らすのに適切な肉体をもち、呼吸や内臓の働きに任せ、重力のバランスを保って生きているのは、地球の調和という全体の動きに同調しているからです。

でも、いまの人間社会は、自然法から外れてしまっています。

自然の理ではなく、人間が独自に作ったルールに則って生きるようになったからです。そのルールでガチガチに固められて、内部にある本能や感受性が鈍くなり、自然との繋がりがほとんどなくなり――そんなふうに見えます。

その結果が、不自然な暮らし、不自然な思考から生まれた行動、バランスを欠いた社会の仕組み、それを無理やり定着させるための教育――そのひずみが重くのしかかります。そこから悩みや不安が生まれ、心身の不調に繋がります。

本来は、性格や体格が違うように、人間一人ひとりに合ったそれぞれの生命プログラムが設定されているのですが、それを度外視して外部の基準に合わせて生きています。朝８時の電車に乗って仕事場へ行き、昼の12時になったら昼食を、夕方６時まで仕事をする――これを基本としています。慣れてしまったから仕方がない、と思われるかもしれませんが、そうではないのです。本来それぞれのリズムがあっていいし、あるはずです。

食べ物も同様です。食事の内容やその回数は、栄養学上の理屈で決められるものではありません。白米が合う人、玄米がいい人、３食食べるのがいい人、１食で十分な人、それぞれです。しかし、個別差を無視して「これがいい」と、誰かが作った外の基準に当てはめています。自分で感じようとしていないのです。

本来の生き方に添えば、自分の身体に合う食べ物、寝る時間、起きる時間は自然に調っていきます。誰に聞かずとも、それがわかります。

宇宙の表現を捉える

人はみな、感受する能力を失ったのでしょうか。

そんなことはありません。ひらめきや勘は残っています。何かを感じた、心が震える、ウオーと叫びたいほどの喜びを感じる——誰にもありますね。その発露の典型が芸術《アート》ですね。

芸術には2種類あります。

個人が独自に創作したもの。

宇宙の美を感受し、それを表わしたもの。

前者は作家の想いや感性の表われです。当人がいなくなれば終わり、一代限りです。

後者の、宇宙の美を感受し、それを表わしたものであれば、多くの人々の心に響き、ずっと残ります。当人が亡くなり、楽譜や絵や言葉がなくなったとしても、同じ響きを感受した誰かによって再現されるでしょう。方法は違っても。

たとえばバッハ。バッハはきっと宇宙から何かインスピレーションを受け取って、それを音譜に変換したのでしょう。狂おしいほどの衝動に突き動かされ、その美しさをなんとか表現したかった。モーツァルトもそうですね。

たとえば私の永遠のワンダーのひとつは「水」。水蒸気となり、雲となり、雨となり、川となり、海となる――本質は何ひとつ変わらないのに、この地球空間で、水というたったひとつのものが形態や時間に応じて、この森羅万象を形作っている。まるで創造主みたいに。それってすごくない？　感動です。機械仕立てのＡＩにはわからないかも――。

神前で舞う古代舞、お能や歌舞伎、狂言などの日本の伝統芸能も真の美を描いたものですね。彼らは宇宙の美を感受し、その感動を掬い取って表現したのでしょう。それが心に伝わってきます。作者がとっくにこの世を去った今日も、その作品は何らかの光を放っています。作者や演者たちの内に秘められた感性が宇宙のバイブレーションと共鳴し、喜びの声を上げているのです。彼らの作品が時代を超えて残りつづけたのは、宇宙のその音を聞き取ったからです。

縄文土器もそれに近いですね。日本各地に同じような独特の形状の土器や土偶がありますね。どうしてでしょう？　交易や文化交流で伝達されたのでしょうか。交通手段や交易の少ない時代にその可能性はあまり考えられません。誰かが伝えたわけでもないのに、とても似通っている模様や造形。特に女性を象《かたど》ったものが多く、妊婦の豊かな乳房やその体躯がみごとにシンボライズされています。いのちを産み、いのちを育む象徴としての女性性。

当時の人々は宇宙の様子に通じていました。対象を取り巻く波動、またはそのバイブレーション。その生命力に感応し、それを形にしたのでしょう。新しい生命を産み、育むその生命力、溢れんばかりの愛情。縄文土器を見ていると、ほっとして嬉しくなります。

縄文の人たちは余計な思考や欲がなく、言葉の数もいまほど多くなく、人間同士のやりとりもテレパシーでまかなっていました。シンプルに生きていたから、宇宙にある意思や情報を容易に変換し、共振・共鳴がスムーズに行なわれていたのでしょう。土器はその証です。

そのヒントは特別な誰かさんだけに下りてきたのではなく、おそらくほとんどの人がそれをキャッチして、それゆえ、その響きに共鳴して、いのちの高揚を感じさせる土偶が生まれたのでしょう。

本当はだれもが受け取っている

宇宙はいつも何かを発信しています。でも多くの人は「わからない」といいます。たぶん感知しようとしなかったり、受け取り方を知らない、もしくはその機能を長い間使っていなかったせいで、錆びついているのです。

何気なしにふと窓を見たら、カーテンごしに光が差して、庭の木の美しい影が目に飛び込んできた。「わあ、きれい」と思った。あなたはたまたま外を見ただけと思うかもしれません。でも、そうではないのです。誰かが「見て、見て」とあなたに合図を送り、あなたがキャッチした。だから、あなたは見たのです。偶然ではないのです。

たとえばある場所に足を踏み入れた瞬間、「あ、ここ気分悪い、長くいないほうがいい」と感じる瞬間があるでしょう。誰かの顔が浮かんだら、その直後、その人から電話が来たとか、「視線を感じて」振り返ったら友だちがいたとか――五感を超えたもっと深いところで、誰もがその合図をキャッチしています。

「気のせい」といいますが、まさに「気のせい」なのです。気なのです。宇宙は「気」を通して合図を送っています。それを感知するかどうか。あなたがちょっと感覚を研ぎ澄ませ、訓練すると、その力はついてきます。

たとえば音のない闇夜、座って目を閉じ、全身で自分を感じてみます。気ままに、いつでも、どこででも、長閑《のどか》に座って、静かにじっと自分を感じます。

自分自身の息を感じていると、息遣いが明確になります。肺呼吸ではなく、腹で呼吸していると、息を感じられるようになります。呼吸ではなく息。その息が自分を形作っていること、その息が私を私としてまとめてくれていることがだんだんわかります。それがわかった時点で、初めて鎮まります。これが「閑座《かんざ》」(世間では、瞑想と呼ぶ)。

私は3、4歳のころからやっていました。自分を、自分の外から観る——という感じ。座り方は関係なし。楽に座る。背は立て、腰と背がちょうどいいポジションになるように。これをやってみてください。自分を観察する訓練をしていくと、言葉ではうまく説明できない「ああ……!」という気づきを得られます。

シグナルは、いのちの泉から湧く

そんな具合に、人はどの領域で感受するかを選び、レンズをかけ替えるようにして必要な情報を得ていますが、情報源は、それぞれの人の内にあります。仮にその制限を取り払ったら、情報は無限に、まるで泉が溢れるように湧き出ています。私はそれを「いのちの泉」と呼んでいます。

その情報は私個人や特定の誰かの情報ではありません。川の水や海の水、蒸発して雲になった水分は、雨となってまた地上に戻る——そうして水が循環しているのと同じように、私の観るいのちの泉は全てのいのちに通じています。

私は主としてここから情報を得ています。宇宙や地球がどう動くのか、人間関係の悩みはどうか、どんな仕事が合っているか、恋愛や結婚、身体の不調についてなどなど「これこれについて教えて」と聞かれたら、ここから必要な情報を汲み上げます。自分で探しに行くのではなく、「○○について知りたい」と思ったとたん、その情報がダウンロードされ、必要なところがフッと浮かび上がってくるようになりました。

いのちの泉は、現実世界よりずっと精妙な場。五感のレベルを超え、いわば色調や音調のように情報を掬い取るのです。

受け取るのは信号。合図のようなもの。私はそれをシグナルと呼んでいます。「はて？」と考え、理解しようと丁寧に見つめ、どう伝えようかなと思うと、具体的な映像や言葉、概念となって現われます。そこで、（あ、これ）とわかるのです。受けとったシグナルはストーリー仕立てにもできますし、色や香りにも、音《おん》にすることもできます。

大変なのはそれを伝える言葉。情報は言語ではなく、直観の領域で、抽象的です。私が感受する分にはそのままでいいとして、人に伝えるには、わかるように翻訳しなければなりません。その人にわかる言葉にしないと意味が通じません。相手にどれが一番わかりやすいか、どう表現したら間違いや誤解なく伝わるか。

人は言葉を使って考えます。言葉はもともとあったものではなく、人間がつくったもの。コミュニケートするにはとても便利ですが、諸刃の剣にもなります。言葉が先にあり、共通認識をそれに合わせ、思考をします。その人が認識している言葉と、他人が認識しているそれとの間にもギャップが生まれます。これがトラブルの種。

つまり大切なのは、言葉ではなく、言葉に含まれる情報です。頭で理解したり、この言葉はこういう意味ですと等式で結べるようなものでもありません。言葉で理解しようとするのではなく、その深みを感じてみる。「ああ……」と響くものが出てくるかもしれません。

私の場合も実際、この翻訳には時間がかかりました。繰り返し人とやり取りをし、どういえば伝わるだろうかとあれこれ考え、観察と試行錯誤を繰り返しました。辞書を、丸ごと覚えてしまうほど繰り返し読みました。「それ」「これ」を伝えるためにはどうしたらいいか。そんな私の無様な様子を見かねてでしょうか、「教えて」と心のなかで意図すると、内容に適したプログラムが、その説明や比喩や表現の仕方を伝えてくれることが多くなったのです。「こういう例を出したら……」とヒントを見せてくれるのです（私がこの本で書いているたとえ話も、「いのちの泉」が教えてくれました）。

「こういうことですよ」と伝えるには言葉が必要ですが、それだけではトータルに表現することはできません。本当に大事なことを言葉で表現することはできないし、難しいのです。

（第5章）深い契りの人――船井幸雄先生

この人とは会わなければいけない

船井幸雄さん（1933〜2014年）。

経営コンサルタント。船井総合研究所会長（当時）。スピリチュアル世界を一般に開いた方。不思議な能力を持つ人たちをよくご存じの方。

実のところ、そうしたことを私は何も知りませんでした。といって「私にはこういう能力があるらしいのですが、どうしたらいいですか？」と、自分自身を救う方法をお尋ねするのでは意味がありませんね。お会いするとなって、どんな方かしらと自分の方法で情報を得たとたん、「あ、この方とは長く深く関わってしまうだろうな」と直観したのです。深い契りがある方とわかったのです。お会いしなければなりません。


船井本社。船井先生は大きな笑顔で迎えてくださいました。

この人は世界を良くしたいと考えている——とすぐわかりました。パラマハンサ・ヨガナンダが書いたように（『あるヨギの自叙伝』森北出版）、一人ひとりが人として輝けるような世界になるはずだ——というのが船井先生の描いていたデッサンでした。そのためには、力のある人がその力を十分に使えるように発掘して世に紹介したい。それがお望みだったようです。

スピリチュアルブームを演出したかったわけではなく、いい世の中をつくろうよという想いを多くの人と共有したかったのだと思います。

初対面の私に、先生はこうおっしゃいました。

「超自然の力をもつ能力者、びっくり現象、宇宙の真実——既存のこうだと思っている世界だけではない。あなたのように、ふつうの常識や概念では測れない世界があるんだよ。それを僕はみんなに伝えたいんだ。そのためには、古い考えのままでは先に進まない、僕はそういう人たちを応援していきたいんだよ」

当時、先生の想いは「百匹目のサル現象を起こしましょう」の一点だったと思います。世間に疎い私はそんなことも知りません。急いで「百匹目のサル」を調べました。

百匹目のサル現象とは、生物学者ライアル・ワトソンが創作した物語。

宮崎県幸島《こうじま》に棲息するニホンザルの１匹がイモを洗って食べることを覚えた。同じ行動を取るサルの数が閾値《いきち》（ワトソンは１００匹とした）を超えたとき、その行動が群れ全体に広がり、さらに場所を隔てた大分県高崎山のサルの群れにも突然この行動が見られるようになった——という筋書き《ストーリー》。このように「ある行動、考えなどが、ある一定数を超えると、これが接触のない同類の仲間にも伝播する」という超常現象の実例とされていた（「ウィキペディア」）。

いい世の中にしたい。善意の人たちが集まって、それが一定数に達したら、世の中が一挙にグルッと変わるに違いない。「それを日本から始めたいんだよ」と先生はおっしゃいました。（ああ、こういう人がいるんだ……）その思いを知って、私は過去の記憶を思い出しました。

時代はレムリア。場所は、現在の宮古島あたり。ラーマ王が統治していた土地。ラーマ王は高い次元の意識を備えた人で、時代をよくしようと尽力していました。でも他の神々との連携がうまくいかず、結局、滅亡してしまうのです。

私の記憶によれば、船井先生はラーマ王の記憶をもつ魂です。レムリアのころの私はもちろん肉体をもっていたわけではなく、精霊というかたちで先生をお守りするお役目のひとりだったようです。その記憶を今生まで携えてきたのには意味があるはず、と思ったのです。いい世の中をつくりたい、人々の意識を高めたい――そんな使命をもつ魂がいた。私もやはりその魂を受け継ぐ人のそばでサポートするお役目だった。ああ、こういう繋がりだったとわかり、この人なら通じるかもしれないと感じました。

先生と一緒に宮古島に行ったときのことです。ラーマ王の王座であった磐座《いわくら》の前で一緒に祈りを捧げた際に、その岩に込められていた意識を先生にお届けすることになりました。その内容からも、「この方は近い将来、テラとそこに住まう人類の浄化をして、波動を高める手伝いをする方だ」と感じました。やはり、深い契りの関係にある方だとわかったのです。

直観力テスト

お会いしたばかりのころ、「直観力テスト」をされました。先生自作の問題集のようで、「○○についてどう思う?」といった２００項目くらいの質問がズラリと並んでいて、その問いに1時間以上かけてお答えしたのを覚えています。たぶん他の方々にも同じようなテストをしてその資質と傾向を見ていたのかもしれません。質問を聞くなり、湧き上がるように答えがわかったのでスラスラ答えました。どんな内容だったか、さっぱり覚えていません。

「すごいね、君は僕の見たところ、98パーセント合っているよ」と先生。

（……残りの2パーセントは、何が違っていたんだろう?）と私。

お会いするたびに、質問項目でびっしり埋まった用紙をお持ちになって質問攻めが続きました。「君はいろんな世界を知っていたほうがいいから、これからみんなに紹介していくよ」と、どうやら面接試験はパスのようです。

初対面からまもなく、「大本教の出口さんのところへ一緒に行こう」と京都・綾部の大本教本殿に連れて行かれました。本殿に向かってご挨拶すると、奥に美しい女神がいらっしゃいました（名前は存じ上げません）。その席でお会いしたのは出口光さん、それに後継ぎの方。他にもお客さまがいらっしゃいました。

　大本教についてほとんど何も知らない私を案じてでしょうか、先生は「タモさん、君はもうちょっと王仁三郎さんが何をした人なのか知ったほうがいい」と、私の世間知らずを笑いました。その後、王仁三郎さんが開眼《かいげん》したという山の上の洞窟へ向かいました。山登りや野駆けが得意な私が誰よりも早く軽々と頂上へたどり着くのを見て、先生は「おサルさんみたいだね、いったい君は何ものなの？」と、これまた大笑い。

　本殿に戻ったあと、後継者の方から「ぼくには、あなたのような霊能の力がないんですよ。ここには神さまいるの？」とお尋ねだったので、「あなたが望む神がいらっしゃいますよ」とお返ししました。また、その洞窟に王仁三郎さんが籠っていたというお話を伺った際に王仁三郎さんのお姿が見えたので、「王仁三郎さんが、こんなお姿で、坐禅の格好で座っておられます」とお伝えすると、同席していたご子孫から、「ああ、まさにその様子だったと聞いています」とお返事をいただきました。

　同時に、王仁三郎さんからの伝言が私に届きました。そのこともお伝えしました。私のお役目は伝言をお届けする伝声管《パイプ》。もちろんそこに私の意図はありません。何をお伝えしたかよく覚えていないのですが、あとで確認すると、

○「惟神《かんながら》」
○「ご先祖の思いを大切に」
○「自分の魂の元、魂の親神を思い出しなさい」

の３点についてだったようです。

「惟神」とは、「神のみこころのままに添いなさい」。

「ご先祖の思いを大切に」は、親神さま（国常立大神《くにとこたちおおかみ》）に伝える気持ちが足りない。

「自分の魂の元、魂の親神を思い出しなさい」は、気持ちが足りないがゆえに、子どもである人間同士が愛し合わない――との意だったと記憶しています。

セミナーでお話ししたこと

大本教行きの後、精神世界を探求している方々と次々にお目にかかるようになりました。船井先生のおそばにいることが多くなり、私にわかること、見えることをそのまま直接伝えるようになりました。先生とふたりの席にいると、ふだんなら言いよどむようなことがスラスラ口をついて出るのです。先生は、私の見ているもの、知っていることに興味を持たれたようで、いつも質問攻めでした。この世はどうなっているの？　生命の仕組みは？　アセンションとは？　クォンタム・リープとは？　次元とは？

私の内心では、そうした繋がりを極力避け、（あるかないかもはっきりしない）自分の能力をオープンにするのをためらっていたのですが、それを察した船井先生が、

「タモさんね、今までの時代とは違ってきているの。世の中は良くなるほうに向かっていて、あなたのような人をみんな受け入れて、ちゃんとわかる時代になっている。数は少ないけど、そういう時代になっているよ。だからカタツムリのように殻の中に入っていないで出ていらっしゃい。君が思っていることをちゃんと話しなさい。それが必ず役に立つよ」

と私のかたくなな気持ちを解きほぐしてくださるのです。

先生のリクエストはいつも「あなたに見えていることを話してくれない？」でした。その延長で、「直感力研究会」「本物研」「ショッククリニック」などの講座に出て話をすることになりました。先生のご紹介はこんな具合でした。

「タモさんの能力は万能。そんな力があっても、それをお金や名声にしようなんて思わずに、結婚して子どもを育てて、普通の生活を営んでいる。こんな人はなかなかいない。でも、その力を持ってそのまま生きるのも、それを公にするのも安全ではないね。僕にはそういう力はないけれど、サポートすることはできる」

（……ああ、私をおかしな人間とは見ていない。特別な力をもった特殊な人間という目で見ていない、普通のひとりの人間として扱っている）とホッとしました。するとこの方のお役

に立ちたい……そんな気持ちが湧いてきました。それまでずっと（私は人とは違う、どうも自分はおかしい）と思い、なるべく口を閉ざして生きてきたのですが、「そのままでいい。それで生きていきなさい」と認めてもらったようで、とてもありがたいと思ったのです。

当時、「アセンション」は今ほど世間に知られていませんでした。「次元」も「量子論」も「クォンタム・リープ」も浸透していませんでした。

でもそれらは私にとって日々の営み。遠い宇宙の出来事ではなく、ごく身近にある日常のこと。宇宙はもちろん、人間の身体、身体の消化吸収の仕組みや、木々の成長。そんなところに次元もクォンタム・リープもちゃんと現われています。その現象がどう繰り広げられているのか少しわかっていたので、自分が知っていることなら話せるかな……と思ったのです。

とはいえ、どう伝えたらみなさんにわかってもらえるか、どう話せば興味をもって聞いてくれるか――つまり話し方、説明の仕方――について、私はまったく興味も関心もなかったのです。ですから提示されたテーマについて、プツン、プツンと要点だけ申し上げて、40分の時間をもらいながら10分ぐらいで切り上げ、残り時間はステージの上でだんまり（無言）を決め込んで平気の平左でした。ひどい講師。

テーマや内容がまだ認知されない分野のことが多かったせいでしょうか、あるいは世間の常識外だったためでしょうか、皆さんポカーンとして質問もめったに出ません。荒唐無稽と受け取られたようです。そばで聞いていた船井先生がフォローして、こんな解説を付け加えてくださいました。

「君たちはアタマで考えるからわからない。タモさんがいま言っていることは、そのうちに別のところから出てくるよ。それを、ひと足先に君たちは聞いているんだよ。タモさんにもわかっていないだろうけど、あとからこの話をする研究者が出てくるだろうから楽しみにしていなさいよ」

量子の世界

たとえば量子の世界。

あらゆる物質は、どんどん細かく分割していくと「原子」にたどり着きます。原子をもっともっと細かく砕いていくと、最終的に「素粒子」と呼ばれる量子に行き着くと考えられています。これが量子論。ひと言でいえば、物質を構成する光や粒子などがどのように振る舞うかをミクロの視点で観察し解明しようとする理論です。

たとえば人間の身体。骨とか血液、皮膚や内臓、筋肉などがまず形づくられています。これを、一番外界にある粗い領域としましょう。

骨はカルシウムの結合です。筋肉はタンパク質。血液は赤血球、白血球、血小板からできています。それぞれ違う要素ですが、レンズの倍率を上げて細やかに見ていくと――細胞は分子から、分子は複数の原子から、原子は原子核と電子から、原子核は陽子と中性子から、陽子と中性子は、最小単位である量子と呼ばれる「クォーク」からできているのがわかります。もうこれ以上細かく分解できない「一番深いところ」です。現在の物理学ではさらに精妙な領域を観察しています。

つまりレンズを替えて見れば、私もあなたも、目の前のコップも、目の前の花も、パソコンも、車も、この世に存在しているもの全ては、クォークと呼ばれているものからできています。森羅万象の全ては、量子物理学でいうところの素粒子（クォークは素粒子のひとつ）の現われです。

森羅万象、すなわちこの宇宙の有形のものは全て、目には見えない小さな粒が遍在している「カオス状態」です。量子論とは、身近な例を挙げれば、自分自身がそれです。クォークをさらに深く精妙なレンズで見ていくと、そこはバイブレーションの世界。モノとして定められていない、何かになる前の「可能性」とも呼べる領域です。

五感を超えたレベルで観察すると、対象は同じでも、物質的な波のレベルからさらに細やかで微細なバイブレーション（粒子）で現われるのです。オーラや波動と呼ばれるものも、この見方によるものです。

さらに深くまでいくと、バイブレーションもありません。「存在」は消え去ります。その状態を「無限」「永遠」「不変の意識」と言ったり、「創造主」「神」と呼んだりします。名前をつけられる対象ではないのですが、そうしないと認識できないので、とりあえず私はそれを「根源」と表現しています。

一般的にはよく「宇宙の様子を眺める」などと言ったりしますが、ここでいう宇宙は、夜空を見上げた先の物理的宇宙空間ではありません。根源も、自分の外側のどこかにあるのではありません。内側、これ以上奥には入れない細やかなところに、「世界はどう成り立っているか」の答えがあります。

見方、レンズを替えることで、その深さに入っていけるのです。見るレンズを替えることで、五感で捉えられる物理的なレベルから自由な普遍的認識レベルまで、自在に識別できるのです。対象の質の奥深さを観るとは、その対象の「価値」をより深く知ることになるといえます。

クォンタム・リープ

「クォンタム・リープ」については、こんなふうにお話ししました。

クォンタム・リープとは、量子物理学の概念で「物理的に繋がっていない別の時空間において、瞬時に飛躍するように変化する現象、非連続の跳躍」と説明されます。「量子跳躍」「量子飛躍」と訳され、ある地点で、突然なんの前触れもなく、階段を大幅に跳び越すように変化する現象をいいます。当時は、この名称もなかったと思います。しかしこれも私にとっては、自然の中で観察される日常のことでした。

たとえば木。木のいのちにはクォンタム・リープがプログラムされています。

木には、根っこ、幹、枝、葉っぱがあり、種類や季節によって、葉が生まれたり、花や実をつけたりします。ところで、木は何を取り込んで、どう成長するのでしょうか。

まず、根っこから栄養を吸い上げます。その栄養を樹液に「変換」して取り込み、木全体に送ります。この樹液が、木のいのちを通して「変容」し、あるとき一瞬にして根、幹、枝になるのです。樹液という液体が幹や枝という全く異なる物質に瞬間的に変容する——これが、クォンタム・リープ。ポンと形態が一瞬にして変化・変容するのです。

では、花や実はどうしてできるのでしょうか。枝が葉っぱに変わるとは思えません。これも樹液です。樹液は、必要な時が来れば一瞬で、花や実へ「変態」するのです。その変化は全体の総意によって行なわれます。というのは、真冬に花が咲いても受粉はしない。土からにょきにょきと葉っぱは生えません。木の全体合意の下で全体の変態が行なわれることを「アセンション」と呼ぶのでしょう。

樹液はあらゆるものに変化します。その変化は一瞬。つかの間。刹那。すごいことですね。木のタネには、もともとそのプログラムを実行する使命が内包されていて、そうしてその変容を続けているのです。

次元とは何か

次元とは、私の認識でいえば、一般的には空間の広がりの指標とされています。いくつの方向に広がりがあるか、どれだけの領域を行き来できるか——それです。

1次元は、1方向に伸びる直線だけの軸。

2次元は、ひとつ軸が増え、縦と横ふたつの座標がある平面。

3次元は、平面に高さが加わった次元。立体で表わされる。

4次元は、さらにひとつ軸が加わった領域。一般的には、縦・横・奥行きの3次元に「時間」を加えたものと認識されていますが、もうひとつの要素は必ずしも時間とは限りません。私は「意思」と考えています。

このように、次元がひとつ上がるには、ひとつずつ加わるものが必要です。4次元の先に、5次元、6次元、7次元——10次元を超える世界があるといわれています。何が加わるか、何が必要か——いろいろな解釈があると思いますが、私は奥行きと捉えています。深さ、精妙さ、ともいえるでしょう。ずっと深まっていくことで、より精妙なところへと入っていきます。

自分のレベルが上がれば高次元に行ける——のではありません。いまここに、全ての次元が同居しています。ものごとを一番外側の物質レベルの粗さで見るか、より精妙な領域で見るか、その違いです。より閑《しず》かで、精妙なほうへ深まることが高い次元へ進む——そう感じることです。

そういう見方を知り、自分の五感で見てきたものを意識的に手放すようになると、物質領域とバイブレーション領域との間を自由に行き来できるようになります。

もし私が宇宙の意図がわかる、根源のことがわかるとしたら、物質領域とバイブレーション領域、根源の領域間を自在に行き来しているから——だと思います。見たい領域に自分を委ね、その場に浸って耳を傾けているからだと思います。

本来、健康しかない

こんなテーマがあります。

「本来、健康しかない」

健康は、みなさん大いに気になる悩みのひとつですね。

病気になる原因はたくさんありますが、私がいちばん初めに聞くのは「なぜ治したいの？」です。

「死にたくないから」「病気を治したいから」から始まると、病気は治りません。見ている対象が「死」だから。

人間として備わった私たちの身体には、ちゃんと死がプログラムとして入っています。人間はいつか必ず身体から離れるので、死は当然のこととして組まれているのですね。

健康の反対が病気と思っている人が多いようですが、そうではありません。人間は健康が当たり前の状態です。病気は、人間が生活や食や精神的なものからつくり出した身体の不具合です。「あれ、なんかおかしい」「異常だ」と意識した時点で、病気が発生します。

ですから病気は、「治す」のではないのです。本来性を取り戻し、自分の内側が正常になれば、病気は勝手に離れていきます。「なるほど……」とそれがわかれば、病気に対する感情も対応も自然に変わってきます。

いのちは、健全であることが基本です。

本来身体は、それが健全であるように保守する機能を備えています。恒常性《ホメオスタシス》ですね。この恒常性が生き生きと活発に機能すれば、たとえそれまで病という状態であったとしても、自然に、健全という常態になるのです。「病気を治す」のではなく「自然に治る」のです。

長とボスの違い

船井先生はご自分の説を展開することはめったになく、「僕は直感よりも合理なの。考える力、まとめる力に長けている」として、あれこれすさまじい質問を投げてきました。

船井先生にはスピリチュアルな知識をもつ知り合いが大勢いて、その論理にじっと耳を傾けながら、新しいことを主張する人、新しいことを行動に移す人を「おもしろい、すばらしい、すごい」と思う感性の方でした。

気づいたことがあります。集団をまとめるには２種類の人間がいるのですね。長《おさ》とボスです。長は、たとえていえば部族の長。トップに立つのではなく、中心にいる者。家長、校長、村長。一方、先頭に立って、旗を振って取りまとめをして、指示・命令をするのがボス。革命を起こす人。

先生は、長でした。群の中心にいて、その群がうまく回るように動く。そのお役目です。

先生は私を近くに置いてくださったので、いつも私は「先生をお守りするお役」に徹しました。そんな私の動きを見て、〝船井幸雄を陰で操る卑弥呼〟などと陰口を言われたこともあります。でもいいのです。私をひとりの人間として認めて下さった船井先生の純粋なご意思を、私はただ守りたかっただけなのです。

素顔の船井先生

その後、先生は東京を離れ、熱海に拠点を移されました。今日の船井幸雄記念館です。

先生のやりたいことをするために本社をそちらに移し、ご自宅もその隣にとお考えでした。ご自宅は、奥さまの和子さんのために「桐の家」を建てられました。奥さまを富士山と浅間神社の御祭神「木花咲耶姫《このはなさくやひめ》」と縁のある御霊の持ち主だと感じていた船井先生は、富士山に近いところに住いをとお考えだったのです。ずっと都会に住んでいた奥さまに自然豊かなところで過ごしてもらいたい、加えて東海沖の地震を止めたい、という思いもおありだったのでしょう。それで熱海で土地を探されたのです。

「ここならどうか」と私のところに持ってこられたのが現在の熱海の土地でした。おふたりの誕生日や吉祥の方角からも判断し、いいところだと思いました。私がアドバイスしたのは「ご自宅と本社は、分けて下さいね。自宅を先に手をつけて、メドがついてから、本社に着手してください」だけ。

きれいな空気にするために家の建材は桐。玄関を入ると富士山の絵が掛けられています。ご自身は「烏の行水」なのに、温泉の湯を引きました。何よりも、奥さまがゆっくり暮らせる家をと願ってのことでした。

お家ができてから、奥さまからお手紙を頂戴しました。「東京にいるときは、夜中の1時2時にならないと眠れなかったのに、引っ越してからはびっくりするくらい早くぐっすり眠れるようになったのよ。もっと早くこういうところに越して、自然の中で子育てをしたかったわ」とありました。

船井先生は私にとって、父親のような方でした。家族を思いやる家庭人であり、同時に誰に対しても同じように大きな愛情をもって接してくださいました。先生と出会ったのが40歳ごろでしたが、私をこんなふうに表現して下さいました。

「あなたの特性は直観力に特に優れた人。直観力というのは、どんなことについても、瞬時に正しい答えのわかる能力のことだよ」

私の長い迷走と孤立。それを見抜いて「きみはそのままでいい、その力を世の中に役立てなさい」と激励してくださったのです。ちょっぴり自分がわかったような気分になり、理解してくれる人がいることにホッとして、大きな安心に繋がりました。

（第6章）長男の生と死

白血病が見つかる

これまで私は人前で話さないでいたことがあります。長男翔太郎の死です。今回、話そうと思ったのは、彼の死を考えることで、多くの人が心中怖れている死について何ほどかを得られたらと願ってのことです。

息子の死を辛くないといったら、嘘です。14年たった今も彼のエネルギーを身近に感じ、その存在を実感し、言葉にならない思いに沈んでいます。彼の肉体をこの腕でギューと抱きしめることはできません。かつて抱きしめたあの感覚が懐かしくあるだけです。

この世界で子どもを失うほど辛い出来事はないといいます。本当にそう感じます。それでも「死とは何か」を知ることができれば、私たちは必要以上の悲しみや怖れを手放すことができるかもしれません。それだけでなく、輪廻転生するいのちの愛おしさが増すかもしれません。死の意味を知れば、いのちに対する深い愛が得られるかもしれません。

肉体は仮り衣《アバター》であることを翔太郎は知っていました。口に出して語ったことはありませんが、共に生きることで、自ずと知っていたと感じます。

翔太郎は、15歳のときに、慢性骨髄性白血病を発症しました。

夏になるころからどうも様子がおかしいなと感じていたのですが、小水がうまく出なくなったようです。尿の排泄の不具合、泌尿器という部位。場所が場所だけに母親にもいえず、ひとりで悩んでいたようです。15歳というのは自意識以上の意識を抱く多感な年齢です。こと性器について触れることは彼の尊厳を損ねることでもあったようですが、あまりにも具合が悪そうなので、「一度、病院に行きましょう」と声をかけました。しかし「大丈夫」の一点ばり。半月ばかりしたところでどうにも痛みに耐えられなくなり、医師の診断を受けました。病名は骨髄性白血病。初めて、その状態を正確に知りました。

市立病院で受診、血液検査をすると、異常に白血球が増えすぎていて、「ただごとではない状態です」と、そのまま埼玉医科大学附属病院に緊急搬送されることになりました。本人にとって救急車は初めてで、ちょっと興奮気味でした。

入院後も白血球は増える一方で、全身に痛みが出て、どうにもならなくなりました。医師たちは、可能な限りの処置をしてくださったようですが、そうした状態では、肝心かなめの白血病治癒は望むべくもなく、医師からは「生きて帰れるとは思わないでください」と告げられました。翔太郎がその状況をどう捉えるのか、私にはそれだけが気がかりでした。痛みが和らぐと、翔太郎は「自分がどういう状況になっているのか教えて欲しい」と私に問います。私は、知る限りの状況を説明しました。翔太郎はじっと聞いていましたが、「退院するためにはどの数値がどのくらいになればいいか先生に聞いてほしい」と言うので、担当医にお尋ねしてその数値を伝えました。それから彼の闘病生活が始まったようです。その数値の達成に向けて、彼は新しく生き始めました。

入院したのは中学3年生の11月中旬。毎年楽しみにしている「秩父夜祭」が12月3日に迫っていました。彼は「どうしても秩父夜祭に参加したい」と言います。

「秩父夜祭は、今年見ることはできなくても、来年見ることができるでしょう」と返す私に、「中学3年の夜祭は今年しかないんだよ。僕は中学3年生の夜祭にどうしても行きたいんだ。どうすれば外泊の許可が出るのか先生に聞いてほしい」と迫りました。その目標数値をあっさりクリアしたことで、外泊許可をいただきました。

その様子を見ていた私は、翔太郎は身体で生きているのではないということがわかりました。自分がどうしたいか、どう生きたいか、というその思いで生きていたのです。

夜祭の当日、仲のいい友達が車椅子を押し、翔太郎はマスクをして出かけました。人混みに出かければ当然感染するリスクもあったのですが、希望どおりにさせました。そんな状態で、家人の心配もよそに、彼はひとつずつひとつずつ、自分がしたいことを叶えていきました。

希望する高校には行けなかったのですが、間に合った「自由の森学園」の受験には行けるように、翔太郎はまた目標数値に挑戦し、試験が行なわれる1月になんとか退院。無事合格できました。

入院したのはわずか3カ月。通院は続きました。入学式を迎えるころ、担当医から、骨髄移植を勧められました。

息子は「受けたくない。僕の身体は病気をしているけれど、僕が病気をしているのではない。僕は治療の人生ではなく、生きている毎日を過ごしたい。だからこのまま高校生でいたいし、移植はしない」とはっきり言いました。

翔太郎が真剣に考え、正直に自分の意志を決めたのです。決定的な意志の表明。彼自身が自分の生を愛し、そういう生き方を選んでいる以上、私はサポートに徹するしかありません。そして彼のいのちをできるだけ最も高いところ、最も美しいところに生かしたい、思いっきり自分の人生を生きてほしい――それだけを願いました。

高校卒業後、先生のお勧めもあって彫刻のできる美大を受験したのですが不合格。その後、造形関係の予備校に通い始めたのですが、進む道は彫刻ではないと気づいたらしく、映像、デザイン方向に転換。専門学校に進み、その関係の会社に就職しました。そうするなかで、自分の映像作品を作ったり、ライブやTシャツなどの創作にも積極的に関わっていました。

予備校のころからのひとり暮らし。掃除、洗濯はもちろん、食事も自分で作っていたそうです。アパートにはよく友だちが集まっていたらしく、近隣の方々には「うるさくしてごめんなさい」と、年がら年中頭を下げに行っていたそうです。彼なりの青春を満喫していたようですね。

骨髄移植

最初、翔太郎が入院したのは小児科でした。15歳という年齢はギリギリ小児科なのです。20歳を過ぎて血液内科に引き継がれましたが、完全に治すには骨髄移植以外はないと医師に告げられます。小児科の担当医は翔太郎の意見を尊重してくださったので話し合いができたのですが、新しい担当医は、患者が移植登録を抹消したことを、まず両親である私たちに対して責めました。白血病は放っておいても治るものではない。数値が安定している間に移植を受けたほうがいいと勧められていたのに、患者の一存で登録抹消したことを責めたのです。

その一方で、担当医は翔太郎に、「あなたは20歳を過ぎて一人前に働いている。病は完治しない――ずっとこのまま親がかりで治療を続けるのか、それとも完治させて親の負担を減らすのか」と問い、そのなかで、翔太郎は次第に移植を受け入れていきました。

夫と私は彼を一人前の人間として、共に生きる者として、担当医がどういう見解をお持ちなのかを聞きたかったので、診察に同席していました。ところがある日、「ひとりで判断する年になっているのに、両親が揃ってくるというのはおかしい」と、翔太郎は担当医から言われたようです。

担当医は独身の女医。20歳過ぎの息子の診察に両親が同席するのは甘えと映ったのでしょうか。以後、翔太郎はひとりで診察を受けるようになりました。さらに「自分の身体が病気をしているだけで、自分自身は病気をしていない」という従来の思いは本当ではない、自分の理屈は通用しないと気づいたらしく、「身体も自分も健やか」という状態にならなければ本当に生きているとはいえない――と考えを改めました。その葛藤のなかで、彼は次第に移植を受け入れ、骨髄移植を決断しました。

しかし骨髄移植後は、再発の繰り返し。インフルエンザに罹り、免疫系が崩れて多臓器不全となり、２０１０年2月2日亡くなりました。享年25歳。

翔太郎は翔太郎らしく、元気で、朗らかに、目いっぱい生きました。最後の夜、「悔いはない」と、父親にはっきり言ったそうです。

お葬式でお礼を言われる

驚いたのはお葬式当日です。自由の森学園時代の学友から仕事仲間まで450名以上の友人、先輩、先生方が弔問に来てくださったのです。そればかりではなく、多くの友人たちがわざわざ私のところまでやって来て、「翔太郎を産んでくれてありがとうございました」と口々にお礼を言うのです。「翔太郎を産んで育てたお母さんに会いたかった、お礼を言いたかった」「翔太郎に会えて、自分も変わりました、感謝の気持ちを伝えたかった」とそれぞれの想いを伝えてくれたのです。

驚くと同時に、安堵しました。翔太郎は幸せものでした。たくさんの方々に支えられ、生かされ、そうして見事に自分を生きました。改めて感謝の思いが込み上げてきました。

入院中は、感染予防のため個室だったこともあり、医療費は高額になりました。婦長さんから相談に乗りますよと言われたのですが、翔太郎が気にするだろうと思い、私はなりふり構わず一生懸命働きました。彼のことですから治療費のことも案じていたのかもしれませんが、「明日はもっと元気になるからね」といつも笑顔で見送ってくれました。私がいちばん辛かったのは、翔太郎から「感謝している」と言われたときです。親なら当たり前のことなのに、そんな当たり前のことに「感謝している」と言われたときは、本当に辛かった。

彼は親やまわりの人たちの気持ちをよく知っていて、「みんなが祈っていてくれるので、僕が元気にならないはずがないでしょ」と話していました。また「僕はこの家から離れて治療することは考えられない。両親がいて、兄弟がいて、みんながいる、いつもガヤガヤ賑やかな家。そこから離れて治療になるわけはない」とも言っていました。一家団らん、そんな環境のなかで病気を治したい、みんなと一緒に暮らしながら生きていく――というのが翔太郎の願望でした。お医者さんたちの意見も尊重しながら、最後まで生きることを強く望み、何より、自分で生きることを大事にした25年間でした。

「僕の身体が病気をしているだけで、僕は生きている。治すための人生なんて嫌なんだ」と言う彼の言葉をじっと聞いていた私。これまで他人様には手を当て、癒し、ときには介抱することもあったのに、息子には、母親であること以外何ひとつ手を出せず、何もしてやれなかった私。翔太郎は生まれてくれたそれだけで、一生分の愛を私に与えてくれました。翔太郎は翔太郎なりに一生懸命生きたと思います。私は「翔太郎、ありがとう」としか言えませんでした。

いのちとは何か

私は肉体の死を怖いと思ったことはありません。アイル、ミツ、そしてタモ。私の魂は連綿と繋がっている――そう感じながら生きてきました。姿形はそれぞれ違いますが、意識としては同じ。樹木に喩えれば、枝、葉っぱ、根っこ、幹といろいろですが、一本の木を完成させる要因として、意思、魂を欠かせません。その意味で、私たちの魂は繋がっているのです。

今の私はタモという肉体を纏ってはいますが、これは借り衣（最近ではそれを「借り衣《アバター》」ともいうようですね）。肉体は滅びますが、私のいのち（魂）は死ぬことはなく、永遠に続きます。不滅です。

翔太郎の死はつらく、悲しい。今でも心は痛みます。ですが……彼のいのちを想うときは、ちょっと違います。翔太郎というアバターがなくなっても、目には見えない翔太郎のエネルギーを感じることができるからです。時折彼らしい気配、彼のいのちを感じることがあります。私たちはこの生を自分で選んで生まれてきます。そしてその終わりもまた自分で選びます。ある時期、この地球でいのちを共にした縁は尊く、そこには感謝しかありません。それでいいのだと思います。

死をどうとらえるか

肉体をまとって生きている時間は、束の間です。死んで帰る世界が、私たちが実在する本来の世界です。死と共に生があるのです。

夜になって眠りにつきます。無意識に、グーグー寝る。朝になって目が覚める。その間、意識がありません。空白です（夢を見ることもありますが）。目が覚めると「おはよう」と口にします。

寝ている間は意識がないのですから、死んだも同じです。そういう意味では、生と死はひとつ（全）のもののふたつの形であり、生死は実はひとつのものです。それはまるで陰陽のようで、生を陽とすると、死は陰となります。１日が昼と夜とで表わされるように、生と死もひとつであり、ふたつの表現です。

今日が夜明け（誕生）から始まり、日の入り（死）を迎え、また夜明けとなり明日となるように、生死はヒトヒ（１日）の巡り。生と死は「ヒトツのいのち」の完全な表現。私たちのいのちは巡り巡って生死を流転する万華鏡のように、その姿形（図柄）を変えながら、やがて永遠のいのちへと変容していくのです。

そして私たちは死によって永遠へと目覚めるのです。死によって失うものは何もなく、さらに深きいのちを感受し、永遠不滅のいのちへと帰還するのです。

生とは、永遠の道での学びであって、いのちへの帰還。

そして死は、生死を超えた永遠不滅の自覚——と言ってもいいかもしれません。
この繰り返しを超えて（死も超えて）生きる——これが悟りではないでしょうか。

私たちがなぜこの世に生まれたのか、その目的は何なのか。多くの人は、その目的を見つけるために生きているといってもいいかもしれません。人間として生まれた意味。私にとって、それはこの世は学びの場だと知ることでした。

それを知ったら、あとは受け入れて、楽しく生きるだけです。死ぬことは怖いことではなくなり、むしろ、本当の世界へ帰ることが待ち遠しくなるかもしれません。

魂のふるさとを知り、その価値（幸福、喜び、感謝など）で生きようとすると、人は霊界から神聖な意識の場へとその生を深めます。「私である」という記憶から、ただ透明で、清らかな場へと溶け込み、鎮まります。「死」は、人を肉体（記憶）から魂（霊界）へ、そして、静寂なところへ還らせる至高の瞬間であると私は伝えています。

（第７章）

大浄化《アセンション》

大浄化

宇宙は一瞬たりとも動きを止めません。常に進化し続けています。

地球も同じです。地球が生まれて46億年。ガス体から地質が形づくられ、高熱が冷やされて、大地ができた。海が出現し、陸ができ、大気が地上を覆い、生命が住むようになり――そうしてできた生命たちは途方もない時間をかけて変化し、その姿形を変容させながら寿命を全うしていきます。

生まれたものには寿命があります。生まれて、やがて元に戻る。生まれたいのちはやがて無へ還る。それをくり返す。それが、いのちの循環。

変化は常ですが、ときとして銀河系の総意をもって、より良いほうへと大変化する動きが起きます。私はそれを「大浄化」と捉えていますが、世間では「アセンション」と呼ぶようになりました。それを予兆するような大きな変化に気が付いたのは、高校生のころ（1972年）でした。

――異様な夜空でした。本来の藍、漆黒の色合いがなくなり、青みがかった、ぼやけた夜空です。透明感が消え、濁ったような色合いの空。息苦しさを覚えました。

空ばかりではなく大気や水に異物が混じり、自然の香りが匂いに変わり、「臭《くさ》い」になったのです。湧き水は枯れて、井戸水も飲めなくなりました。農薬や除草剤、家庭洗剤、ゴルフ場の農薬、廃棄物に含まれる化学物質などが地面に浸み込み、雨で流されて地下水となり、大地が汚染されて、それが露出するようになった時期です。汚染水は川や海に流れ込みます。その水は蒸発し、空に昇り、雨となって循環します。川、海、空、土、地盤の変化、大水や渇水、気候異常——そうして私たちが生きる場にも影響してきました。

この世界は相対（2極）の世界です。目に見えるものと目に見えないもの、陰と陽、善と悪など、正反対のものがひとつになってつくられています。本来はひとつなのですが、表現は2相となります。たとえば、陰の時代がずっと続くと、ある時点で陰が極まり陽に転じます。男性性の時代がピークを迎えたあとに、女性性の時代が訪れます。宇宙史のなかでずっと行なわれてきたその大反転がちょうどいま起きているのです。

その大反転は宇宙のどこかで起きているのではなく、一人ひとりにも起きています。肉体の成長や自然治癒力、理解できなかったことが突然わかるようになるなど、他人事ではなく自分事です。ですからその様子を知ることで、「自分はこう生きる！」と肚をくくり、自分なりの行動ができるようになったら素晴らしいですね。

ヒカリが生まれた

天のオヤは、たくさんのことを私に見せてくれました。「世界のはじまり」もそのひとつです。

この世界ができる前は、何にもありませんでした。何にもなかった。人間はもちろん、植物も生きもののもない。大気もなければ音も色もない。もちろん海も土もない。光すらない。「何にもないってどういうこと？」という疑問もない。穏やかで、ただ静かで、長閑《のどか》でした。何にもないけど、「何か」で満ちていました。あるときそこに、ある意思（と呼びます）が湧き出ました。「何にもないけれど、全てがある。その全てを知りたい」。そんな意思が生じたのです。

そうして生まれたのが、「ヒカリ」でした。この世に初めて生じた実体です。

ヒカリが生まれると、「ヒカリではないところ」が顕われました。ヒカリは初めて他者を知りました。それを「ヤミ」と名づけました。もともと何もなかったところに違いが生まれたのです。ヒカリとヤミ。やがてヒカリとヤミとの間に境界が生まれ、両者は対《つい》の存在となりました。違うもの、区別が生まれたのです。

ヒカリには、あたたかい、柔らかい、溢れる、満ちる、広がる——という性質があり、意思はこれを広げようと、ヒカリがより生き生きと動けるように、精気を与えました。精気が浸透するとヒカリは集まり、密度を高めました。密度が高まると結晶します。もともとはあるかなきかの極微のエッセンスだったものが、物質として形をもつようになったのです。

いったん形になれば個性としてかたまり、調和の度合いによってバリエーションが広がり、爆発的に仲間が増えていきました。ヒカリは自分の分身が増えるのが楽しくて、どんどん自分の写しを広げていきました。そもそもある意思が、「動きを見たい、何かを創ろうと思った」のが始まりですから。

そうして気の遠くなるような時間をかけて、物理宇宙が創られました。膨大な数の銀河、恒星、惑星、さらに地球ができました。地球には海が、地面が、山が創られ、ついに生きものが誕生しました。生きものはどれもヒカリの分身「ヒカリ生命体」の写しです。

いつしか、人間も生まれました。私がアイルとして生まれたのも、このころです。当時の人間は、向こうが透けて見えるようなクリスタルダイヤモンドの輝きを放つ肉体、それに純粋な思いをもつ、まさにヒカリの写しのような存在でした。

カゲの誕生

しかし変化が起こります。そのきっかけのひとつは巨大な隕石。その衝撃で大地は隆起し、海面は上昇。気温も大きく変化し、大気も乱れました。

もうひとつは、地球が太陽のまわりを回る公転軌道の変化です。今の地球は23・4度地軸が傾いたまま公転していますが、当初はまっすぐの正円でした。

地軸がまっすぐなら、季節の変化はありません。地軸が傾いたまま太陽のまわりを回るようになったため、地球は太陽のまわりを楕円を描くように回ることになり、そのために日本では、四季の変化が生まれたのです。

こうして気候の変化が起きました。

氷河期があったり、暑い時期が続いたり。気候の変化が起これば、地形も大きく変わります。氷の大地が生まれ、土地は隆起し、高い山ができます。海流も変化し、海岸の入り込みや隆起・陥没によって季節風や偏西風も発生します。温暖で常春《とこはる》だった地球は、大きく変化しました。暑い地域、寒さが厳しい所も生まれました。

人間は快適な環境を求めて移動を始めました。身体も暮らしも食べ物も、土地に合うように変化、適応させました。生活の変化は、考え方や脳の使い方にも違いを生み出します。自分の生命と安全を守るため、「自分と他人」「自分の土地と他人の土地」という区別が生じ、領土、支配、所有、そして身分などの概念が生まれました。土地によっては部族・民族が生まれます。地域ごとに文化文明が誕生し、こうして世界に、人間たちの間に「違い」が生まれたのです。

人間は根源の分身、「ヒカリ生命体」です。全ての大元《おおもと》である根源の意思は、「全てを知りたい」とこの世を創ったのです。ですから個性や違いはあって当然です。

ところが、もともとの「ヒカリ」はみな同じ。写しでした。共振共鳴し、調和を図って、情報を転写し、細胞分裂のように広がっていくのです。

人間が生まれたばかりのころは、ヒカリの転写はスムーズでした。ところが人間の多様化が進むと、ぴったり重なり合うことができない者たちが現われました。ヒカリとヒカリの間に「カゲ」が生まれたのです。

カゲはヒカリに影響を与え、自分のカゲを写してしまいます。より大きな力をもつ個体と出会えばカゲの影響も大きくなり、カゲはますます広がりました。純粋なヒカリが小さく閉じ込められるなか、カゲと「カゲの写し」が大手を振って存在するようになり、宇宙全体に散らばりました。次第にカゲは、カゲという形、「ゆがみ」をもつようになったのです。

さらに、カゲの写しは実体の集まりとなって増殖し、生命場全体に不協和音を響かせ、人間の集合意識に浸透していったのです。カゲはどんどん仲間を増やしつづけました。地球をぐるりと覆い、人間一人ひとりを覆い、閉じ込めました。こうなると地球も人間も本来のヒカリを失い、根源との繋がりもだんだんわからなくなりました。

孤立した地球

ヒカリはすっかりカゲに閉じ込められました。

人間ばかりではなく、テラも同様でした。はじめは必死にヒカリを放ち、ヒカリ生命体である人間に気づいてもらおうとしましたが、人間は徐々にカゲに呑み込まれ、そのうち誰も根源や全体のことに気づかなくなりました。そうしてテラは諦めました。

カゲに覆われた人間は、自分を「個の存在」と思うようになりました。もともとひとつだったものを切り分けるように区別しようとしたのです。

区別するには、名前が必要です。人にも、ものにも、木にも、考え方にも、感情にも、色にも音にも、見えないものにも、全てに標本カードのように、それぞれに名前が付けられました。そうしないと、何者かわからなくなるからです。私はヤマダタロウ、あなたはヤマダハナコみたいに。これは桜、これは梅。これはチョウ、あれはトンボ——というように名前が付けられ、分類され、全体から切り離されてしまったのです。こうして、個別化は進み、全体に影響し、それまでになかった独自の法則がつくられました。「良い・悪い」「正しい・間違い」「上と下」「優と劣」のような。

そこから人間は悩みを知るようになりました。他人と比べて、正しいのはどっちか。好きか嫌いか。同じカゲをもつ者同士が集まって徒党を組み、集団化していきました。領土争いや支配の体制が強まり、やがて戦争が頻発。勝者と敗者、支配と被支配が生まれ、差別や貧富の差も大きくなりました。カゲの力は、人間を支配するようになったのです。

カゲの影響で伝染病や感染症が生まれたのは西暦５００年ごろのことです。

１０００年代には、地域ごとの特徴をもった風土病となり、１２００年代からは、ウイルスや細菌と呼ばれる実体が明確になり、世界中に拡大していったのです。

１５００年代に入ると、カゲはさらに拡大し、地球はおろか太陽系から天の川銀河、さらに天の川銀河を中心に12銀河まで覆いはじめ、あらゆるヒカリ生命体に不協和音のうねりが現われます。病や苦しみ、戦争、支配、貧富や差別——本来のヒカリ生命体にはなかった要素が人間に浸透していきます。

１８００年ごろには、カゲは12銀河を覆いつくしました。宇宙は絶えず膨張していますので、銀河は28ぐらいまで増えているといわれます。私が接触しているのは12銀河までです。

宇宙の意思が動いた

この状況を宇宙のヒカリたちが黙って見ていたわけではありません。太陽系とは別の銀河から、調和を促すエネルギーがずっと発せられていました。でも、あまりにカゲが強固になったため、その影響をほどくことはできなかったのです。そこで、新たな計画が実行されました。

1888年ごろから、純粋なヒカリ生命体が地球に共鳴して、根源の意思を体現する人間として生まれたのです。

1925年ごろになると、人々の心や精神を正常化させるため、それを体現するヒカリ生命体がたくさんやってきました。

1972年か1988年までの間に、人間として生まれた新たなヒカリ生命体は、12銀河からの発信を直接受け取って、「調和のエネルギー」を天の川銀河に溢れさせるための活動をすることになりました。

このようななかで、地球の内なる光としてかすかに存在するばかりになっていたテラは、1992年、宇宙の意思の風を感じ取り、それに共振しようと決めたのです。

1996年、テラは地球に生まれた新しいヒカリ生命体と同調しはじめました。テラは自身の光を強め、１９９８年、カゲを取り去りました。

ここで、テラは自らの大浄化を進めて、新たに生まれ変わったのです。

進行中の大浄化

銀河からのサポートは今この瞬間も、全ての人間に送りつづけられています。今回の大浄化《アセンション》の目的は、人間にこびりついたカゲを取って、本来のヒカリの存在に進化させること。２０００年から30年ほどをかけて、大きく変容させる予定でした。

ところがその予定に、ちょっとしたアクシデントが起きました。西暦２０００年という世紀の変わり目に、ある騒ぎが起こったのです。人間が発した重苦しい想念バイブレーションが一気に集まって、地球上に、モヤのような、雲のような集合意識の層ができたのです。

西暦２０００年前後というのは、キリスト教でいえば終末思想、仏教では末法思想、古代マヤ暦でもひとつの時代の区切りとされ、いたる所で取りざたされていました。

この世の終わりだ、時代の転換期だ、何か起こるのではないかといった不安や怖れ、欲望が世界中で起きたのです。そうした個々の想念が集合意識となって地球を覆いました。

これが本来の流れを邪魔することになりました。自然発生のモヤであれば即時に取り去る自律システムが働いたのですが、問題は人間の集合意識が作り出したという点。これをどうしようかとなり、太陽系の星々の総意で、このモヤを振り払って通常の状態に戻そうとなったのです。

2002年7月、太陽系全体の動きを司る「司令プログラム」が作動して、その時期を決めました。一斉にモヤを払い、地球上の生命、地球全体の大掃除の発動です。その終了が2012年。計画どおりに終了すれば、本来の大浄化の本番がスタートします。ヒカリ生命体にくっついたカゲ取り大作戦です。

ネガティブな存在

モヤ取りは無事成功しましたが、この流れを邪魔しようとする存在がまたまた現われました。これもやはり人間の想念によるものでした。本来の計画が進むと、自分たちの都合が悪くなると考える存在たちです。宇宙の動きに通じているのは私ばかりではなく、黒魔術の力をもつ人や、宇宙のネガティブな存在からの情報を受け取る人などたくさん存在します。

彼らは、宇宙的合意に従うのではなく、自分たちの法則で変化を進めようとしている存在です。権力や地位、財力を得ている人間たちの想念を通じて世界を支配しようとしているのです。彼らは人間たちの欲望や不安、執着を活用して増殖します。彼らは結集し、宇宙的合意とは別の波動を発して、宇宙的合意の邪魔をしてきました。

この想念を知り、「司令プログラム」は改めて計画を立て直し、さらに強力な浄化を図りました。邪魔は入ったものの２０１２年、ネガティブな存在の反撃を鎮め、無事、第１次清浄化の基盤ができました。

次は、いよいよ人間たちの浄化です。

第１次清浄化が地球外側の大掃除とするなら、２０２２年までは、人間一人ひとりの清浄化です。現在はその終盤に当たります。容れ物の内側をきれいにするには、殻を閉じたままでは浄化はできません。ですから今現在は、人間の心身が開かれ、清浄化のエネルギーを受けている状態です。こういう機会は滅多にありません。太陽系宇宙が一気に足並みを揃えてサポートしているのですから、絶好の好機といえます。「よろしく頼みます」でいいのです。

清浄化のプログラムは進んでいます。それを体感している人も多いのではないでしょうか。「これまでの生き方がつまらなくなった」「まったく興味のなかった分野を突然知りたくなった」「なんとなくやる気が湧いてきた」「散歩をしていて、今までよりもまわりの景色や植物が親しく感じられた」など、まず感覚から開かれていくのです。

人の五感を細胞レベルで覆っていたカゲが除去できれば、繊細な、美しい、深みのある静けさを感じられるようになり、明るい時代に入っていきます。もしこの本を読んで、あなたのどこかが反応するとしたら、そのイメージ、その体感を大事にしてください。頭で分析しようとせず、「あ、これか……」と、その感覚を味わってください。

いまは殻が開き、固まっていた汚いものを吐き出している状態です。隠そうとしていたもの、見たくなかった感情などが露出することが多くなります。それは現実の事象として現われています。今回の新型コロナウイルスの騒ぎもその大浄化のひとつ。順調に進んでいる証拠です。

新型コロナウイルス

今回のコロナウイルスの流行で明らかになったことは、

「免疫システムは自分にある」

「自浄作用は完全である」

ということになります。健やかであれば感染しないし、したとしても重くならずに済むでしょう。世の中には、人災であれ天災にしろ、どうしようもないことがたくさんあります。しかし、たとえ何をばら撒かれたとしても、人間はそれに対応できるように、常に身体プログラムが更新されていく生物です。

そもそも地球上にはウイルスが蔓延していて、常時、人体にも菌やウイルスがくっついている、いわば共存状態です。

地上にはウイルスよりも怖いものがいくらでもあります。たとえば大気圏のオゾンシステムがボロボロになったら地球を守っていたシールドが乱れてしまい、本来入れるはずのない宇宙波まで入ってきています。太陽光線が宇宙ゴミにぶつかって大気圏の磁場バランスを乱し、地球の生命場が乱れ、磁気が狂っています。このことで気候も激変します。電子器具や通信などに原因不明の障害が起きたり、さらに人間が打ち上げたスペースシャトルの残骸、宇宙ゴミに宇宙波が感応するなど、大気圏はより不安定になっています。そうした乱れは人間の心身にも影響を与えます。

コロナや異常気象、戦争などネガティブと思われる事象が現われ、不安や恐怖に駆られ、心がざわつくことも多くなります。街中、電車の中、インターネットの中、どこを見てもそんな感情で満ちているようです。

心身に反応が出るのは、恐怖心が地場の乱れを取り込むことが一因です。恐怖が病をつくるのです。事あるごとにいちいち反応したり、恐怖のネタを探すのはやめましょう。そうではなく、適当な距離を置き、「まあ……いいかな」と気楽に思うことが大事です。大浄化が完了すれば、大気圏のオゾンシステムも正常に調います。

出来事にいちいち反応しないようにしたいですね。それらは凶事の兆候ではなく、清浄化の流れが順調であるという証拠です。ウイルスは宿主がいないと繁殖できません。つまり自分以外を食べて生き延びる他者依存、他者癒着のエゴが汚《けが》れという形となって、コロナウイルスとして現われたのです。人間のカゲ（汚れ）が取れたから、コロナ現象となり、清浄化が起きたのです。

２０２０年までは、浄化、つまり洗濯でした。長い間こびりついていたカゲを浄化して出てきた不浄の集合体。それがコロナウイルスとなって現われたのです。洗剤を入れて洗濯機を回せば、汚れやアカでいっぱいになりますが、でもそのままでは干せません。すすぎが必要です。汚れた水を捨て、きれいな水ですすぎ、脱水して完了です。騒ぎは起こるでしょうが、それは清浄化へのひとつの過程です。

洗濯の原理からいうと、汚れていない人はコロナに罹らない。罹りようがないのです。罹った人は洗われたのです。定型免疫という抗体が付き、恒常性のなかの細胞免疫、浄化機能が１段階アップする。そういう仕組みになっているのですね。

世界中で起きている争いにしろ、コロナウイルスに関する騒ぎにしろ、それは人間たちのつくった問題です。宇宙の流れとしては順調です。

２０２０～２１年は、すすぎの始まり。

２０２０年に予定されていた東京オリンピックが延期になり、２０２１年に開催されました。

２０２１年は、ざわざわして、先の見えない1年でした。そのなかで開かれたオリンピックに違和感を覚えた人も多いでしょう。そこら中ではためいていたオリンピックの旗やポスター。２０２１年に行なわれたのに「２０２０　ＴＯＫＹＯ」でした。そう、２０２０年は2回あったのです。日本流にいえば閏年《うるうどし》。

なぜか？

カゲ取りに気づいて、２０２０年ですすぎに入った人、コロナウイルスの出現によって２０２１年になってすすぎに入った人とふたつのスタートがあったのです。早いほうがいいというわけではありません。いち早くカゲ取りを始める人もいれば、調和のエネルギーを感受しながらゆっくり進む人、まったく気づかない人、カゲにどっぷりと浸食されたまま闇を好む人もいます。それぞれでオーケーです。もともと、宇宙はバラバラな個の集まりではなく「ひとつ」ですから、どんな段階の人がいようとも、全体がレベルアップすればいいのです。

コロナウイルス（他者依存、他者癒着のネガティヴ集合意識）は、２０２３年から、急激に変化を進めようとする大洗濯派と、緩やかな大すすぎ派に分かれながら大浄化されていきます。それに準じて否定的、不純な想念や行為も大洗濯されて露見・暴露される方向です。つまり純白が輝きはじめるという好機です。この流れは2026年ぐらいまで続く上昇傾向にあります。

カゲはだんだん自滅方向に進み、すすぎの清水に溶かされていきます。

「清心」という言葉がありますが、まさに清心の実践が大浄化を支えます。明るい想念、朗らかな心、豊かな親切、深いいたわり、親しみを深め、友愛を楽しんでください。人と人が純粋に関係する――それこそが宇宙的進化になるのです。

2030年にはすすぎの1回目が終わり、すっきりとして、その後もう一度きれいな水を流しながら最終段階を迎える――そんな具合でしょうか。浄化の水（光のシャワー）は何度でも注がれ、すすぎと脱水を繰り返します。誰かが取りこぼされ置いていかれる――なんてことはありません。大丈夫です。

コロナで大きく人生が変化した人も少なくありませんでした。大きな打撃を受けている方が多い一方、発想の転換で、楽しく暮らしている人たちも大勢います。コロナ経験を通して自分の人生を省みた人もいるのでしょう。

リモートワークが常態化したことも大きいですね。会社人間だった人に家族との時間、趣味の時間、家事をする時間が生まれ、自分のための時間も増え、不必要な人間関係もなくなりました。

夫が家にいつもいる、妻と顔を突き合わせる時間が増えるなどの気苦労もあるでしょうが、それは、もともとからある本来の関係性。これまでが、大事なことに関わる時間もない浅い日常だっただけ。それに気づくチャンスにもなります。人間本来の暮らしに徐々に戻る。一家団らん、家庭円満、思いやり、いたわりを甘受しながら暮らす。あれ、社会全体が変わってきた――と思えませんか。

緊張から解放される時間が増えると、正常な思考も徐々に戻ってきます。

おや、窓の外にあんな木があったと気づく、視界に入っていなかったものが見えてくる、ほっとする時間が増える、そのきっかけを得たという人もいます。

肉親や結婚を基盤とした「家族」にとらわれる必要もありません。「人の輪」という人間本来の真実を経験するため、かつてのムラのように、みんなひとつの家族になるのもあっていいと思います。美しいものに囲まれていたい、柔らかなものに包まれたい、愛しいものと一緒にいたい、のどかな、安らいだ日常を暮らしたい。

日を観て、月を観て、寝起きする。人間の生命の根本にある、いのちを大切に生きる暮らし。誰もが望んでいることではないでしょうか。「縄文追想」という言葉があるようですが、縄文という文化や生活の形態ではなく、その心持ちを求めているのでしょう。

２０３６年、新しいステージへ

私たち一人ひとりが、自らの細やかさを開き、愛や喜びの種を、大切に丁寧に、喜びをもって育て広めながら、明るい光の方向に向かいます。２０２３年あたりからその傾向が現われはじめ、内面に明るさを感じ、全体が上向きになっていくでしょう。

世の中を創造する人間の意識が変化するため、物理的にも、美しく穏やかな様相になっていきます。無機質な高層ビル、グレイ一色の街並みも変わっていきます。人類の感性が従来の景観に耐えられなくなるからです。ＡＩ、通信文明の進化は緩やかに減速し、インターネット情報やゲームに依存する割合も減ってきます。人々は自然を求め、穏やかさと調和のなかに生きたいと、はっきり求めるようになるでしょう。

「こんなの、本当はイヤなのに……」と我慢していたものは、少しずつ、自然に終わっていきます。内面に明るさが戻り、不安がなくなっていきます。

順調に進めば２０３６年ごろに次のステージへのステップアップが完了する予定です。浄化や変容の時期を超えて、新しいステージにポンと移ります。どんな世界でしょうか。日本の言葉でいえば高天原《たかまがはら》。通常ここは「神々が住まうところ」を言いますが、本来、これが人が生きる世界なのです。

かつて私が日本心霊科学協会の「祖霊祭」で見たのは、この光景です。神と神の子が共にそこで生きることが惟神《かんながら》。惟神とは「神の御心のまま」と辞書にありますが、御心のままというよりは、人々が神さながらの生き方をすることで、この世界を楽しむことだと思います。一人ひとりが内に神をもっているのですから、御心、つまり内なる神の意図のままに生きること。それが人の生きる世界です。

日本では、神はひとりではなく、八百万の神といわれるように、森羅万象、花鳥風月、自然界の全てがそれぞれ神として、個性豊かに、調和をもって生きています。

私たち人間も、同じ自然の一要素です。人間は人工物ではなく、神（ヒカリ）から生まれた生きものです。内なる神の御心に従えば、本来、人間同士が対立するはずもなく、仲良く、お互いを必要として労り合って生きているはずです。

また人間は、神がしたくてもできないことを、できるのです。

物理的な変化を起こすことができる。子孫を増やすことができる。神だけでは調和の美しさ全てを表現できないから、肉体を有した神、すなわち人間が存在しています。神は人間を助けます。それは、神にも人にも、大調和を創造するそれぞれの役割があるからです。つまり、私たち一人ひとりは、ヒトとなったカミ。高天原の「天人《あまひと》」ですね。

大浄化のスケジュール

近々の動きをまとめると次のようになります。

2000年前後　人間の集合意識がモヤのようなマイナスエネルギーとなって発現。
太陽系の総意で、モヤを取ると決定。
反対勢力がその意図に気づき、邪魔を仕掛ける。

2002年　第1次アセンション。
太陽系の全惑星の同意の下、集合意識のモヤ取りに成功。
反対勢力のネガティブな影響にも対応。

2012年　第2次アセンション開始。
人間一人ひとりの内部の浄化スタート。
テラのさらなる浄化。

２０２０年　テラの浄化が完了。人類の浄化第１弾。集団の浄化。集団の否定性浄化。対立の明確さ拡大。それによって友愛の成長。

２０２１年　人類の浄化第２弾。２回目の２０２０年（２０２０年のオリンピック開催、閏年の価値）。ロジック概念からの解放がスタートし、違和感の浄化が進む。内外の調和、本心の明確化スタート。

２０２２年　第３次アセンション開始。自己の内面のヒカリに気づき、自らの使命を遂行する者たちが動き出す。互いに協力し合って、困難を克服していく。

２０２３年　大洗濯派と大すすぎ派に分かれながら、大浄化が進む。否定的な想念、不純な行為は露見・暴露されながら大浄化に入る。２０２５年ごろまで上昇傾向。

２０２６年　清心の実践により、大浄化の光や輝きが現われてくる。

２０３０年　最終段階へのスタート。自我から自己へ進化。感情から解放され、心の平安が自然になる。「しなければならない」からの解放。純粋かつ自然な、シンプルな生き方をする人間が増える。自主自営の明るい輪が創造され活躍する。

２０３６年　新しいステージへ。否定的発想が転じて「面白い」方向へ拡大。

２０４０年以降　クリエイティブを体現する時代。違うことが面白い、異端児の時代。自由であることを怖がらなくなる。自他共に尊厳を重んじるようになる。礼節の復活、神聖な感受性の拡大。

２０５２年　惑星内調整完了。地球も人間も、心身の透明度が上がる。色眼鏡、偏見、こだわり、ストレスの減少。朗らかさ、温和、潔さが満ちる。

２０７２年　認識の純粋度を高めておく必要がある。心身共に軽やかになる。アイルのころのように、健やかに、軽やかに、快適に生きられるようになる。

今のところ大浄化は順調ですが、人間の変化が少し遅れています。お金や権力、モノを追い求め、必要なことに目を向けなかった癖がまだまだ残り、本来のヒカリに戻ることができていないからです。そうです。変化は、外からではなく、内から起こります。

霊能者が答えを教えてくれる、神さまが天国に連れて行ってくれる――そんなことはありません。外に答えはないからです。答えは自分の内にあります。まずはそれに気づくこと。そういう感覚を広げましょう。

幸せな人は、大きな陽の気を放つ人。朗らかで、笑いの多い人。それが幸せです。大きな陽は小さな陽を引き込んで、さらに陽の気を大きく広げていきます。このようにして幸せは広がっていくのです。

ですから、幸せになりたいと思ったら、大きな陽の気を放つ幸せな人のそばに行くこと。大きな幸せの人に出会って「こんにちは」と縁を結ぶのです。すると、あなたも大きな陽の幸せな人になります。これは本当ですよ。

不安や恐怖を煽り立てるニュース。他人への中傷・非難、ゴシップなどに気を取られないように。インターネットやテレビでその種の画面を凝視する人は、まずはその構図を客観的に眺めてみてください。そこに注力したり、あれこれ善悪の判断をしないことが大切ですね。宇宙的な大浄化に参加するには、そこがスタートです。

清浄化の流れは、すでに始まっています。

○自然派志向（都会から自然へ）の人々。
○お金より内面の豊かさに気づく人々。
○個として独立しながらも、他との繋がりが増え、社会の中で楽しく健やかに生きる人々。
たとえば「ソロキャンプ」。ひとりで静かに山や海に行って過ごす——その様子を撮影した動画が人気ですね。とても示唆的です。ひとりで過ごすことが孤独なのではなく、他を尊重し、調和し、その縁を広げていく。

若いお父さんお母さん、その子どもたちを見ても、高度経済成長期を生きてきた人たちとは明らかに違う価値観になっていると感じられます。新しい価値観を備えた子どもたちが多く生まれています。実際に平和な世界を求めたり、差別をなくそうという活動をしたり、人間だけではなく、動物、植物、昆虫、魚など、いろいろないのちを保護する活動を仕事にしている若者も多いようです。

大浄化が進んでも、戦いや争い、他を糾弾することを好む人たちは存在しつづけるでしょう。でも、自由・平和を好む者とそれに対立する両者の関わりは少なくなっていきます。カゲを求める人同士が集まって、インターネットの仮想空間やＳＮＳなど特定の場に集まって密会するでしょう。戦いやカゲを好む人たちが「伝染病が来るぞ」「こんなひどいことが起きるぞ」と声高に叫んでも、ヒカリを好む者たちはそれに影響されなくなる、目に入らなくなる――という具合に両者は遠く離れていくでしょう。

何より一番の変化は、浄化が進むほど、人間が考えた主義や思想ではなく、より自然に添った生き方を選ぶようになっていくことです。

どんな未来にしたい？

「10年後、20年後、未来はどんな世界になっているの？」

富士山大噴火？　大震災？　生活苦？　経済危機？　日本沈没？

よく問われる質問です。

私は時を観て、可能性や傾向をお伝えし、「今後は争いがなく、穏やかで調和のとれた世界になっていきますよ」とお答えし、そして次のようにお返しします。

「世界は、皆さんが望むようになっています。あなたはどうしますか？　あなたが決めない限り、何も変わりません」

そして、一番大切なことを伝えます。

「未来はまだ決まっていません」


みなさん、誰かが何かをしてくれると思っています。

「宇宙はいまこうなっています、○○年後に、災害が起こりますよ、だからあなたはこうしなさい」と言う誰かの指示を待っています。学校では文字や公式、歴史年号を暗記させられます。その教育のおかげで、大人になっても「これが正解。こうしておけば安全で問題ない」と他人の顔色や世の中の動きを窺って行動し、他人が作った考えにしがみつき、まだ社会の奴隷になっているように見えます。

その結果が現状です。

その思考や癖が、その人やその集団の未来を創るのです。誰々さんが言うことなら間違いないと他人に依存し、自分の心に聞いて自分で考えることを放棄し、自分の損得しか考えない。

幸せや心地いい暮らしは、誰かがプレゼントしてくれるものではありません。このまま一人ひとりが変わらなければどうなるでしょうか。依存や癒着、他者崇拝——受け身なんてやめにしましょう。被害者意識なんていりません。そんな癖はそろそろ放り投げて、鎖を巻き付けている自分を解放してやりましょう。

自主、自発、自在。自分を主体として自分から発動し、自分が納得する生き方。

それに気づく人が多くなればなるほど、大浄化は達成しやすくなります。ですから、気づいた人は、まわりを不安のモヤに閉じこめないように、自分の意思と明快なビジョン、大きな陽の気で行動してほしいと思います。

これまで地球上に1千億人の人間が生まれたと言われますが、キリストひとり、釈迦ひとり、たったひとりの真実で世の中が変わったように、調和を願うひとりがいれば、世の中は変わります。未来は明るいヒカリに溢れます。

自分に聞いてください。

「あなたはどうしたいの？」

次の一瞬は、今の瞬間の続きではありません。自分の意思がつくるのです。1年後、10年後をどう生きたいのか。自分で答えを決めるのです。正直に、はっきり決めてください。宇宙は、世の中は、一人ひとりが意図した思いの集合の現われです。「あなたが思ったものが、現実を創る」のです。時代は、明るい方向へ進んでいます。

（第8章）

根源に還る

アインシュタインと釈迦

この世界を量子の領域で捉えると、「全てはひとつ」という感覚です。何かひとつでも欠ければ、この世は成り立ちません。あなたのまわりの全て、この世の全ては（あなたが意識していようがいまいが）そういう絶妙なバランスの下に存在しています。何ものであれ、単独・個として生存しているのではなく、宇宙という場の一要素として、いまこの瞬間ここにあるのです。

そこはいつも変化していて、一瞬たりとも静止していません。ギリギリ絶妙なところでピタピタッとバランスさせながら、ま新しい創造表現を繰り返しています。一瞬一瞬ごとに、目に見えない大きなパズルを壊し、次の瞬間、また新たなパズルを作り上げる。パズルのどこにも隙間はなく、ピースが余ることもない。なのに一瞬ごとに新しい絵柄ができる――万華鏡の世界みたいに。

これを「統一場理論」と言うようです。アインシュタインがずっと追い続けた研究で、あらゆるものの根底にひとつの場があり、それぞれが異なる度合で振動することでさまざまなエネルギー場、物質の場が生まれる――という考え方です。まだ研究半ばの分野だそうですが、いずれ明らかになっていくでしょう。

このことを、お釈迦さまは「縁起」と言ったのではないでしょうか。「縁」が「起」こって世界が成り立っている。あらゆる要素が変化しながら、美しいバランスを描いている――それが、この世をこの世たらしめている「縁起」ですよと。

縁起は網の目のようなもの。それも２次元や３次元ではない多次元の網。無限大に広がった網目の関係性。

同じように私たち一人ひとりは、その網目のひとつ。ひとつがまわりの全てと繋がっているのです。単独で「私」が存在しているのではなく、まわりの人々はもちろん、花、風、木、虫、水、地球、宇宙――全てとバランスを取って、刹那ごとに生まれ、縁起に現われる存在なのです。

あなたは網を通して、全方位に、多次元に繋がっています。あなたの変化はまわりに瞬時に伝わり、それを受けた人もまたその網を通して自分のバイブレーションを伝播していくのです。

根源に繋がっていますか

私はいま、肉体をもって日々を生きながら、目に見えない世界からさまざまな情報を受け取っています。庭の木々、太陽や月、星、宇宙から。そして目に見えない、姿形もない意識知性から。たぐっていけば、ありとあらゆるもの全てが根源に繋がっているのがわかります。本当は誰もが根源に繋がっているのですが、そのことを多くの人が忘れてしまっています。

根源——それは森羅万象、全てのものが形になる前の宇宙の大元です。全てを知っていて、全てを見ています。宇宙のどこかに依拠しているのではなく、霧のように、全てのなかに遍在しています。いつでも、どこにも満ちていて、何かになる一歩手前の可能性の状態です。

言い方を変えれば、何かを作り出す力に満ち溢れたエッセンス——ともいえるでしょう。根源は、あらゆる個のもともとの要素。姿形はおろかその存在すら見えず、名前をつけることもできません。

人間の私たちも、庭に咲くバラも、その蜜を吸いに来るハチも、どれもこれも、その大元は根源。あらゆるもののエッセンスである根源。それが形となって現われたのが人間であり、バラであり、ハチであり、雲であり、雨であり、星です。全てが全て、根源から現われ出たものです。

では、私に何かを伝えてくれた天のオヤは、何ものでしょうか。根源には何もないはずですから意思を発することもないはず。でも、オヤからのメッセージを聞いた26歳のとき、はっきりとわかりました。それは、声として「創造された」根源の意思でした。何もないものが鏡に映った「映し」。

根源には創られたものはありません。全ての元の元。何か形になる前のエッセンスだから。何もない根源を「鏡に映したら」少しだけその姿が観えるようになった、それが天のオヤ、といえるでしょうか。

この世は根源の「映し」から生まれました。映しがあり、その映しの「写し」があり、それが徐々にまとまって「要素」となり、バイブレーションとして現われ出て、ある方向性へ向かっていくと、原子・分子になっていく。「写し」が拡大するにつれ、写しに固有の特性が生まれ、それが個性となっていく。それがこの世の顕われ。

つまり、根源の要素がある種の性質を持ち、集まり、ぶつかり合って、変容し、変容したエッセンスが構成粒子となって光を放出し、具体的な要素を伴って個別化する。それが極まって人となり、花となり、動物となり、惑星となり、個となって現われる――という感じです。

なぜズレが生じたのか

ところがどうでしょう。いまこの世界を振り返ってみると、根源から発生したものが少しずつズレて、ズレだらけです。小さなものから巨大なものまで、ズレはどんどん拡大しています。太陽のまわりを回る地球の軌道周期もずいぶんズレてしまったのではないでしょうか。アイルだったころ、私が愛した地球《テラ》。今生、岡田多母となって見ている地球《テラ》。そのふたつの間に大きな違いがあります。もちろんこの世界は絶えず変化しつづけていますが、その変化は、根源からの「映し」がそのまま「写されている」ことが基盤になっています。コピーをコピーしつづけると原本からズレてしまうように、どうしても、「写し」と「写し」の間に違い（カゲ）が生じてしまうのです。つまり今の地球《テラ》は「写し」が違うのです。ズレているのです。根源からの「映し」ではなく、「写しからの写し」だから。私が幼いころからずっと感じていた違和感、（ここは違う……はっきりわからないけれど、でも違う）の正体は、たぶんこのズレだったのです。

なぜこんなズレが生じたのか、それを考えつづけ、あるとき気がついたのです。

たとえば地球が太陽のまわりを回る軌道周期。かつては３６０日（現在の時間ユニットで換算）という周期で動いていた地球の軌道周期が、今日では３６５日になっています。こんなにズレが生じているのに、なぜか人間はそれを当たり前のこととして疑いもしません。

どこかで、誰かが、何かを間違ったのではないか——というのが、私の最初の疑問でした。その疑問を解くヒントはないかといろいろ考え試行錯誤しているときに、「メビウスの

メビウスの輪

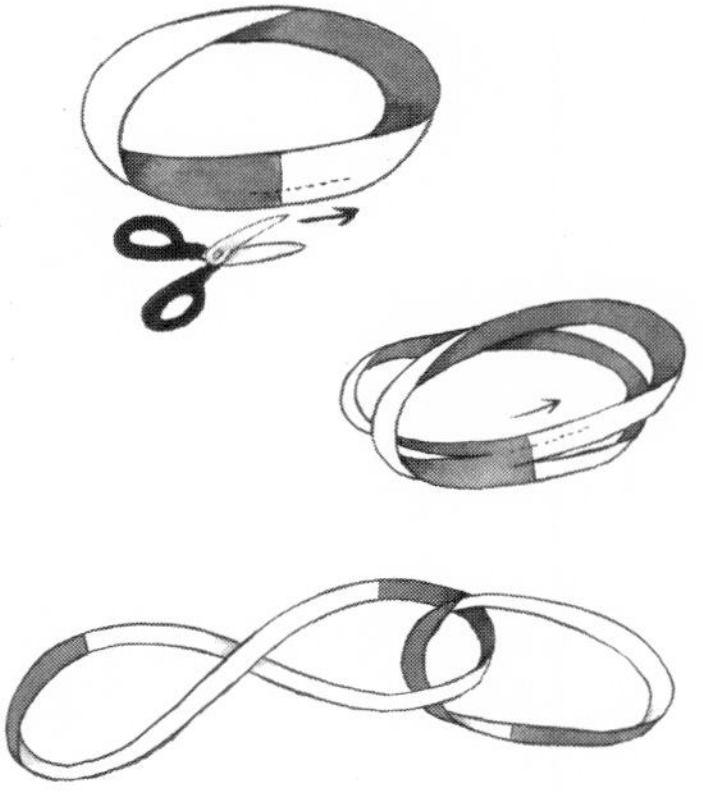

（イラスト・おかめ家ゆうこ）

輪」が浮上したのです。メビウスの輪とは「無限」を表わす象徴です。ある日、紙で「メビウスの輪」を作って眺めていたときに、答えが見えました。

　メビウスの輪を、あるポイントを決めて右側からハサミで切り進め、1周してスタート地点に戻ると、始めのポイントではなく左側に戻っています。かまわずにもう1回転切り進めていくと、元の、切り始めた右端の始点に戻って切り口が合致します。縦に2分割されたメビウスの輪は、元の輪の2倍の大きさになり、ねじれが1回増えていました。

「ズレ」の原因をこの「ねじれ」とするならば、このねじれをとれないだろうか――これが私の課題でした。

ダブルメビウスの輪

そこで1枚ではなく、2枚の紙で作ってみたのです。1枚目に「始まりの始め・始まりの終わり」、2枚目には「終わりの始め・終わりの終わり」と印を書き入れました。「終始一《しゅうしいっ》」という言葉を思い出し、それをヒントにしたのです。

「始まりの始め」と「終わりの終わり」、メビウスの輪のようにひねり（裏返り）はありません。「始まりの終わり」と「終わりの始め」を繋ぎ合わせました。すると「メビウスの輪」は「8」となり、これを「ダブルメビウスの輪」と名付けました。

そしてこの「ダブルメビウスの輪」に、前と同じように切り込みを入れてみました。右端から切りはじめ1回転すると、今度は1回で始点にピタリ合致します。おまけに2分割された輪はきれいな「8」の字を描き、元の輪とまったく同じ大きさ・形に分割されました。「やった！」。これを発見したとき、私は小躍りしていました。探していた答えが見つかった、これだ、これこそが、ものごとを正しく継承する流れだと。

たとえば細胞分裂。これをメビウスの輪の視点で見れば、元の形とはまったく異なった細胞が作られ、分裂を重ねれば重ねるほど、違いが増幅されます。

ところがダブルメビウスの輪の場合は、正常に分裂します。遺伝子の継承という視点でい

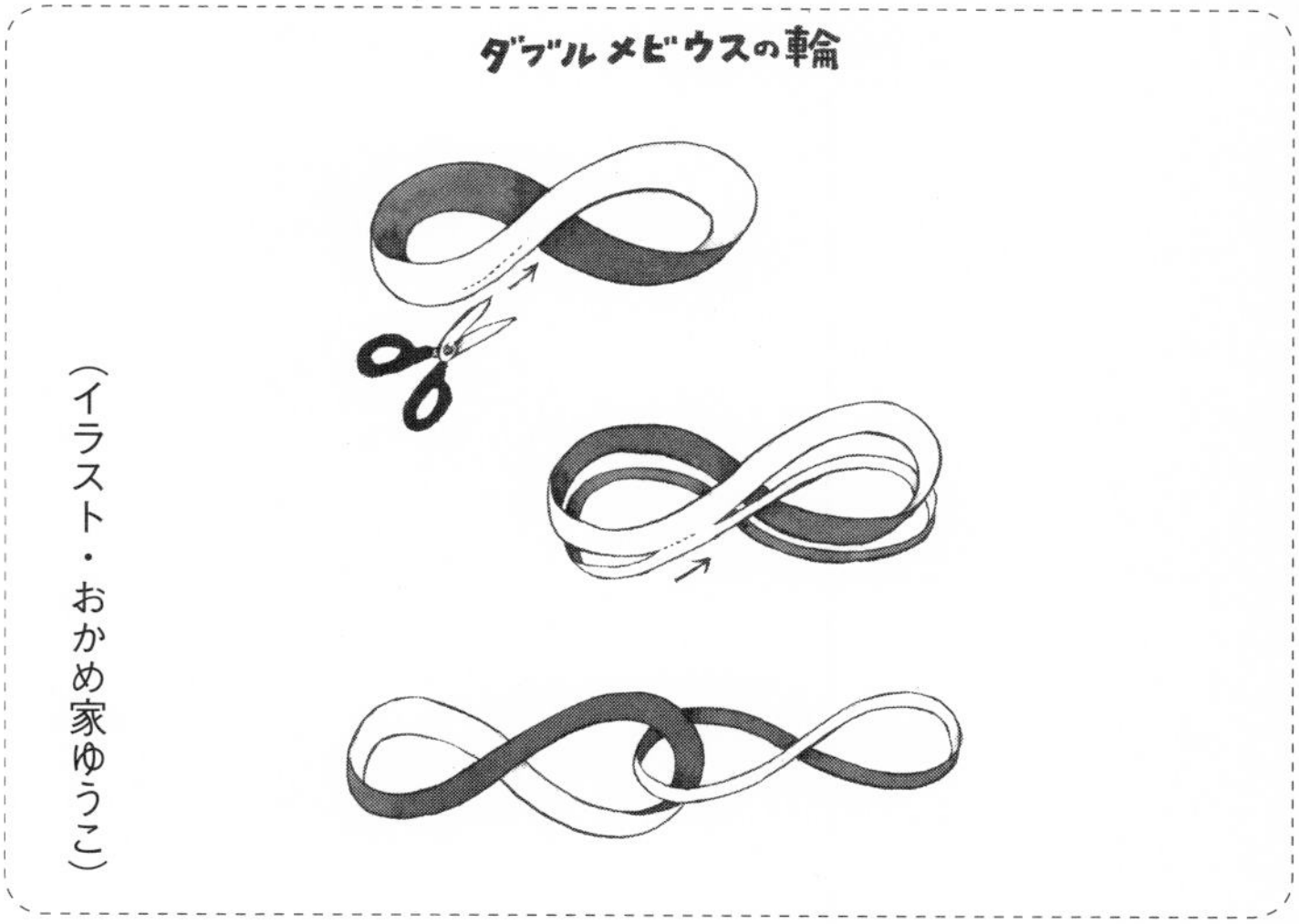

えば、メビウスの輪では、親とはまったく違う子が生まれるのに比し、ダブルメビウスの輪では同等同質の子が生まれます。

私たちはいつも本能的に幸せを求めて行動しています。

メビウスの輪の場合、右端から切り込みをスタートして1回転してみると、始点とは合致せずに、それよりも反対側に到着します。ところがダブルメビウスでは、ピシャリ一致するのです。

ダブルメビウスの流れを地球の軌道周期にあてはめてみたらどうなるか。ズレが生じることなく、同一の軌道周期を回るのではないか。8の字の形から安定調和の円周サイクルとなり、真円となって、360日に符合してくるのではないか……？　私のなかで、このダブルメビウスの考えが大きな比重を占めることになりました。

さらにダブルメビウスを分割したことから完全な流れを感じ、そこでアイル時代のテラの状態を思い出したのです。大らかで、自由奔放で、親心に溢れていたテラ。

それに比べ、ミツの時代のテラはどうだったでしょう。自信を失い、オドオドしていたテラ。あの変わり様は何だったのでしょう。何があったのでしょう。テラは、大きな宇宙的なズレのなかで、自分を失っていたのです。

ということはつまり、ダブルメビウスの輪による安定調和の完全な流れが具現化すれば、再びテラは完全な軌道を取り戻し、元の正常な流れと回転を取り戻すのではないか。

こうした流れを、ふたつの回転をもつダブルメビウスの輪として作り直し、地球の公転と自転というふたつの回転を調律することで、楕円周期を円周期に変える。すると時間とサイクル（空間）の流れの数が符合して、再び元の真円の宇宙に戻るのではないか。さらに時間と空間が一致し、一体となった正確な形ができれば、宇宙は再び調和を取り戻し、次に進むことができるのではないか。

それをスピードアップするにはどうするか。

たとえば砂糖水を作るとして、まず水の入ったコップに砂糖を入れます。水と砂糖がうまく溶け合わないときは、攪拌という回転力を加えるか熱を加えるかで、ふたつが溶け合った砂糖水ができます。ポイントは、回転力を上げるか、加熱するかです。

私が思いついたのは、回転力を上げることでした。真円の宇宙に戻るには、地球の回転速度を加速していく必要があるのではないか。その理由は、ダブルメビウスを分割したとき、もとのダブルメビウスと分割されたダブルメビウスが一点で結び合っていたことです。それを思い出したのです。これならうまくいくと。

でもその前に、人々にこの流れを、しっかりと伝えなければならない、その仕組みと流れを、正確に、完全に伝えなければいけない。テラの復活を、そして宇宙の進化を願うなら、その真実を語る人間が必要です。語り部。私は、それをきちんと伝える「語り部」になろうと決意したのです。

そんなある日、「地球がその回転を加速しました」という情報をキャッチしました。山や岩たちからです。鳥たちの飛び方が変化し、低空飛行をするようになったと。これは地球の自転が速まり、求心性が高まったことを示しているのではないか。

私自身が地球の周期軌道のズレに気づいたのは１９８０年ごろですが、地球は１９９０年ごろからその軌道修正を始める準備をし、１９９６年には、潮の流れを活発化することで、

ているようです。

その決意を表現しました。現在、私が見るところでは、その動きのなかに熱の要素も加わっ

太陰暦を見直す

もうひとつのズレは暦です。現在皆さんが使っているのは太陽暦ですね。日々の暮らしの中で、自然の流れと実際の暮らしがズレていることはよくご存じですね。

日本で、それまで月齢を使っていた太陰暦が太陽暦に変わったのは、1872（明治5）年の太政官布告第337号によってです。1年を365日とし、それを12カ月に分け、4年毎に閏年《うるうどし》をおくこと。1日を24時間とすること――などが定められました。

それまでの太陰暦では、月の初めの1日は必ず新月から始まり、15日は満月。そして月末には新月に限りなく近づいて翌日の1日は新月――というパターンを繰り返していました。1カ月の長さは月の満ち欠けの時間だったのです。

ですから昔の人はカレンダーを見なくても月の満ち欠けを見ることで、ああ、満月に近いから13日だ、もうじき新月になるから月末――などとわかっていました。作物の種まきや収穫も、この月の満ち欠けで決めました。満月までの5日間、10日～15日の間に種をまくと、よく発芽して元気に育つ。こうした自然のことわりに従って作物を育てたのです。連作する

ことともなく、化学肥料も農薬も使わずに。

1年を、立春（2月4日ごろ）、啓蟄《けいちつ》、春分（3月21日ごろ）、晴明《せいめい》、穀雨《こくう》、立夏《りっか》などの二十四節気に分け、春夏秋冬という四季折々の歳時と季節感は符合していました。

これによって、雛祭りには桃の花が、端午《たんご》の節句には菖蒲《しょうぶ》の花が開き、七夕には満天の星に、彦星《ひこぼし》と織姫星《おりひめぼし》の天の川が見られました。

満月に近づくと、そのエネルギーは陰陽でいう「陽」に近づき、人や動物の出産が増え、種子も開き始めます。また新月には（陽に対して）陰になるわけですから、人や動物が亡くなります。そこには宇宙の摂理と生命の摂理が働いていました。

「満ち潮で生まれ、引き潮で死す」――この言葉は陰陽師たちの間に伝わる、地球で生きるものたちの生死を表現した一節です。このように人々は自然のエネルギーを身近に感じ、大切にしてきたのです。

そういう暮らしは太陽暦の出現とともに失われました。以来150年あまり。季節感はどうでしょうか。現実は、1カ月以上ズレています。たとえば七夕は梅雨の真っ最中。自然の季節と歳時は甚だしくズレています。

ところが今でも太陰暦（旧暦）を大事にする人々がいます。たとえば歌詠みたち。彼らに

二十四節気表

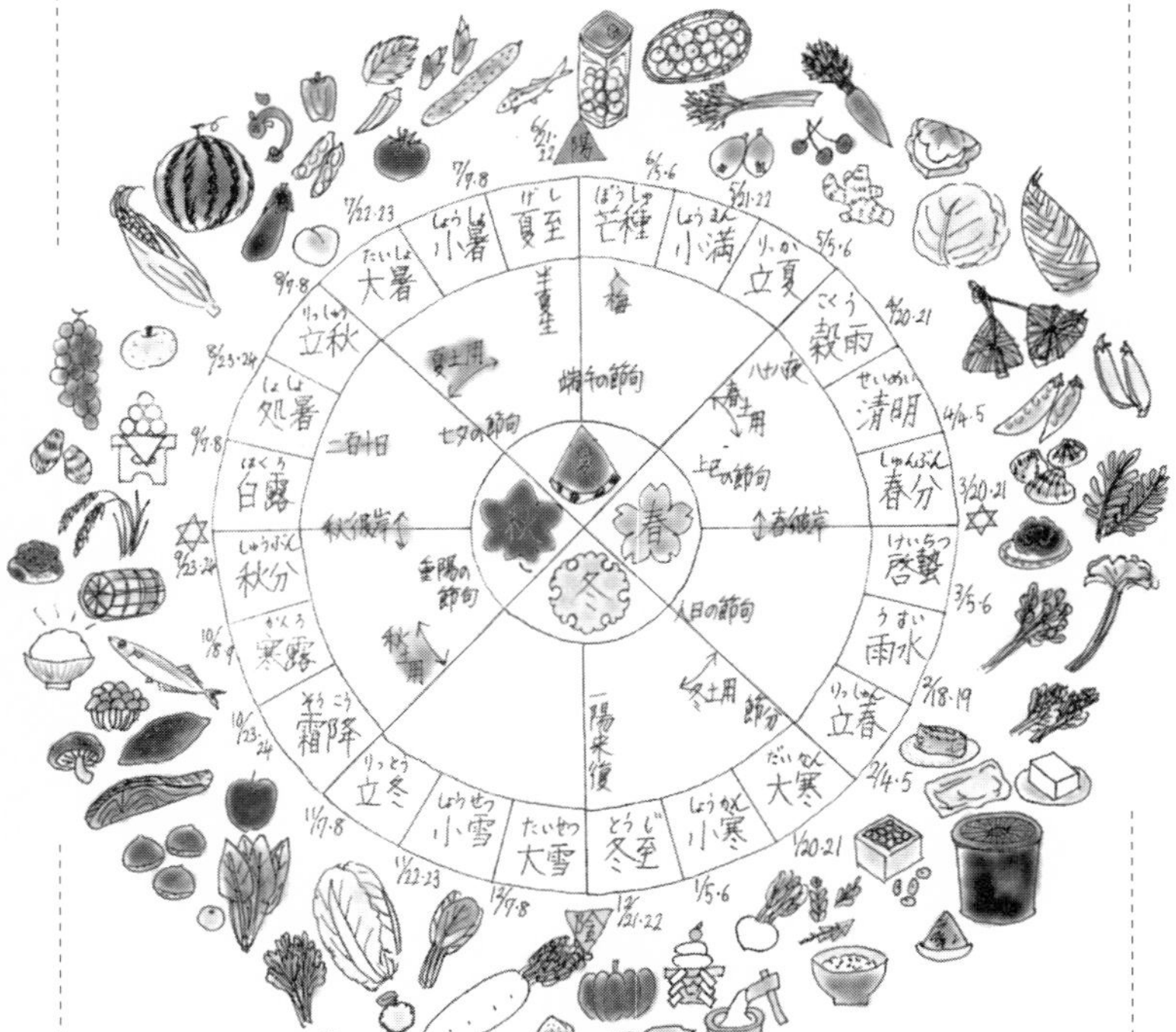

（イラスト・金久保茜）

とって歳時と季節感の合致は欠かせません。私もそのひとりです。私にとって太陰暦は自然観を取り戻すために必須のもの。ときどき旧暦を活用した講座を開催することもあって、わが家には太陰暦カレンダーがドンと鎮座しています。

見えない世界を思い出す

物心がついて以来、私はずっと違和感をもって生きてきましたが、大きくブレることもなくやってこられたのは、時折下りてくる天のオヤ（根源）の声に触れることができたからだと思います。大きなものと一緒だったから安堵していた――というのが実感です。

この世界は目に見える世界だけではありません。見えない世界のエネルギーがこの世界を形作っています。ですから、それを知ることで、この世界を捉える目が変わってきます。

私たちは根源から生まれ、やがて根源に還っていく存在です。肉体をまとうことで動きは不自由になりますが、それに慣れるにつれて地上の行動半径と認識を広げ、この世界を楽しむことを覚え、だんだん根源のことを忘れていきます。でも、いつかは思い出さなければなりません。

目に見える世界だけでも結構大変なことが多く、ときに目を覆いたくなるようなこともありますが、その背後にある見えないエネルギーに目を向けることで、私たちは余裕をもつことができます。

そのためにはこの世の摂理に気づくこと、自然の豊かさに目を向けること、自分のことだけでなく、ほかの誰かのことを考えること。そうした目を開くことで根源に気づいていけるのだと思います。本来、ひとつだからです。

形ある世界はやがて崩れ、いのちもやがて終わります。全てのものは流転して、そこにとどまることはできません。かつて鴨長明が、

「ゆく川の流れは絶えずして、しかも、もとの水にあらず」(『方丈記』)

と詠んだように、全てが流転を繰り返しながら、根源へと還っていくのです。

この世の成り立ち

私の古い記憶にあるこの地球《テラ》は、根源の意思を反映させる「映し」という大きなお役目を担っていました。それは人類の親になることでした。テラは若く美しく、生命力と活力に溢れ、人類という子育てに一心に取り組んでいました。大地や木々や花々、動植物たちを育みながら、愛する人類にその大きなスネをかじらせていたのです。人類は常に与えられ、満足し、感謝し、それでも互恵という関係を生きていました。テラは、ここを最高の状態にしよう、喜びで満たそうとしたのです。

そのころ、私はアイルという男の子でした。はっきりした性の区別はありませんが、体格、声などに男性の特徴があり、太く、直進的だったのです。時間が意識されない時代ですから何歳とははっきりいえないのですが、生まれて、生きて、次へ進むこと――「今日、今、ここ」を生きること。その喜びで、アイルははちきれそうでした。

ところが5歳ぐらいのあるとき、「おーい！」という下からの呼びかけで、空中散歩していたアイルはバランスを崩して墜落死してしまったのです。以来、アイルは肉体を持たずに、いのちという状態で生きました。知性という情報源になっていたのです。アイルには目いっぱいテラに愛されたという想いが強く、「愛しのテラ」という記憶だけが残されました。

ところが長い時期を経て、アイルの知性はテラの光がひどく弱まったことに気が付きました。どうしたのだろうとふたたびテラに戻ったのがミツの時代です。テラは様変わりしていました。

人々は日々の生活に追われ、時は刻まれ、生死という概念が大威張りでまかり通っていました。なぜそうなったのかよく事情が呑み込めないまま、ミツはテラの意思を伝えるために「創り主はひとり」というキリスト教信者（隠れキリシタン）となり、真実を伝えようといました。その結果、礫・火あぶりの刑を受けう自らの意志を貫くために「踏み絵」を拒絶しました。その結果、礫・火あぶりの刑を受けましたが、自らの生命を全うしたことに満足していました。

とはいえミツの個人的な満足で流れは変わりませんでした。人類は相変わらずのうのうと親のスネをかじり続けています。テラは与えるだけのことはようやく果たしながらも人類の親としての自信をすっかり失い、その結果、大地は光を失い、輝きは消えました。

それを知ったミツの知性は、全てを語り伝える「語り部」タモに生まれ変わりました。自信とヒカリを失い、輝きをなくしたテラに向かって、タモはこう叫びました。

「テラ、いったいどうしたの？」

返事がありません。テラの様子を知るには、この地球上でもっとも古くから生き続けている山や海、木々から聞くしかありません。テラは人類の子育てにあきらめを感じ、その役目を他に譲り、自らは消滅することを決心しているようでした。老いて、すっかり自信をなくしていたのです。

私は、こう呼びかけました、

「テラ、共に生きよう。あなたが与える愛は間違っていない。みんなテラを愛している。人類が目覚める流れが来ましたよ。宇宙からも多くのメッセージや予言が伝えられていますよ」

１９９６年、テラはようやく決意しました。親の役目をもう一度やり始めること、若返ること、共に生きること。地球《テラ》に意識を向け、その気づきを拡大させようとする多くの宇宙の他者の動きにテラ自身は感動し、やっと動き始めたのです。

成長から進化へ

テラと人類の船出です。過去に戻るのではありません。未来に向かうのです。これまでの経験から得た情報を未来へ活かし、成長から進化への道に入ったのです。逆に見れば、根源へと向かってあらゆるものを手繰り辿った先は、究極の統合のエリアです。

私が40歳になって船井先生とのご縁をいただいたとき、先生は、「あなたの胸の内にあることを素直に語るように」と強く促しました。このときです、私は「語り部」としての自分の役割をはっきり意識し、その時期が来たと感じたのです。迷いや躊躇はもういらない。与えられた役目を果たそうと。

私は覚悟を決め、まず自らの目覚めを手始めに、創り手探しを始め、この世の成り立ちや自然法則、その摂理を学び、ようやく語り部としての役割を意識したのです。そのためには、この世の成り立ちを知ることがどうしても必要だったのです。その中に進化があると感じたからです。

アイルからミツ、ミツからタモへと受け継がれたものは、大調和です。大調和の具現化です。大調和とは、人類は与えられることから成長し、与える側へと進化すること、地球《テラ》と共に栄え、共に生き、互いに恵まれるという方向へ進むこと。それが大調和の流れです。これが根源の意思です。

そもそもは根源の思いでした。

根源は、自らを知りたいという思いから、全き意思をもってこの世を「想像」しました。この世は、想像が「創造」される場になったのです。根源の意思は、必ず具現化されます。

神々は創造のプログラムを、段階を経て創造しました。この段階が次元を生みました。人類が直結している神々は4次元です。この世の支配者となった神々がテラや人類を支配し始めたことから、人類は「支配」を覚え、自らも支配し始めたのです。

4次元の神々は、人類の性格や知力、活動力などを創り上げる直接的な知性です。もっとも多く人類に影響を与えるのは彼らです。同時に、地球《テラ》と宇宙の星々との関係を狂わせたのもこの神々たちの戯れでした。彼らは根源の想像を自らのものとして創造し、それが形を成す前にあれこれと特徴を加え、この世をよろずの世界としました。根源の意思は明らかでしたが、4次元の神々は創造の喜びに溺れ、自己満足して、その方向や安定を確認する認識者としての自覚を忘れてしまったのです。

ところが人類は、４次元神界を飛び超え、５次元以上の神界と直結することで、進化を進ませることができます。４次元神界は幽界、霊界のコントロールです。４次元の神々が人類の魂に対して直接の親であるため、保護者としての役目があったからです。

ところが、育ての親・地球《テラ》と導きの親・４次元神界が人類を最高の子どもとして成長させるはずのプロセスに、「創造」という一方向だけを意識することによってズレという魔が生じ、「創造――維持――破壊」という流れを創ってしまったのです。私が「メビウスの輪」と呼んだのはこれです。幸福がいつか不幸になる流れとして代表される――と表現しました。この流れではいけません。

ここから私は、根源と創造物（人類・この世）の双方に意識を向ける流れ、「創造――維持――新創造」という「ダブルメビウス」の流れを意識し、幸福が永遠に続く流れとして表現しました。この流れは、１９９０年になって人類の目覚めと新たな気づきを生み、ようやくその方向に流れ始めました。

いま全ての流れは構造（成り立ち）と精神（知性）という表現で語られています。

そもそものプログラムとなったのは、根源の「想像」です。「想像」を「創造」するために、光のプロセスを用いてそのメカニズムを作ることでした。それが新たな秩序を作り、人類の新生を図ったのです。

４次元神界を超え、５次元以上の高意思（宇宙知性）とコミュニケートすることで、人類の新たな創造の時代が始まります。21世紀の先は、神と人で行なう真実の創造から人類の創造の時代に入るのです。地球《テラ》は人類の創造の場として新しく創造されるのです。

私はテラを蘇らせ、テラを新たな生命体として、人類の創造の場としていくための語り部です。神々の創造の時代から、神と人類で創造する時代が未来にあります。人類が自らを神の座に進化させる惟神《かんながら》の時代です。そうして神の座から根源へと進化してヒカリそのものとなるのです。これが語り部タモの全ての想いです。

人類はその親である神になるのです。そして自らが神だったと悟り、ヒカリ（光）そのものとなって根源へと戻るのです。

そうして人間はこの地球《テラ》で、生きとし生けるものたちと調和して生きて行けるようになり、それが宇宙全体に広がると「大調和」になります。太陽系の他の星々たちとまず和合できる、さらに天の川銀河の全ての星々に対応できる天人《あまひと》となるのです。

私たちが生きているこの宇宙は天空です。星々と同様、私たちはこの天空に生きています。ですから私たちは初めから宇宙人であり天人なのです。

いつのころからかわかりませんが、なぜか人類は、自らが宇宙人《あまひと》（天人）であるという自覚を喪失してしまったようです。私は、まずこの宇宙人であるという自覚を取り戻してほしいのです。その上で、地球というわが家を大切にしてほしいと願っています。地球テラで一家団らん。最高に幸せに生きてほしい。人生は、人は美しいのです。

それが語り部としての私の任務でした。だからこそ、アイル、ミツの意志を受け継ぎ、タモとして限りある肉体をまとったこの人生を、私は精一杯謳歌して生きたいと思うのです。

（第9章）現実に向き合う

「ぬか床、どうしたらいい？」

ある日のメールです。

「……こう暑くて、ぬか床がうまくいかない、どうしたらいいの？」とのお尋ねです。64歳になって初めてぬか床を作ったという学校の先生。アーユルヴェーダと瞑想に集中し過ぎてちょっと調子を崩し、私たちのお仲間、臼井幸治医師（銀座レンガ通りクリニック院長）に助けを求め、そこから紹介されてやってきた女性。彼女が向き合うことになったのは、コツコツ身体を動かす毎日の労働でした。

ごはんを自分で炊く、日本食を自分で作る、ぬか床を作り、味噌を手作りし、梅干しも作り――日本古来の暮らしを生きること。彼女は、実直にその作業を繰り返しながら、少しずつ自分を取り戻し、1年ほどしてちゃんと立ち直りました。

とりわけ味噌。自分で作った味噌がおいしいと褒められたら、誰だって嬉しいですよね（これが正真正銘の手前味噌）。調子の悪かった人がそういう順序をへて元気になった――。私はこういう実のある話に、心底ほっとするのです。心が喜ぶのです。この経験から私は改めて以下のことを学びました。

ぬか床メールと前後するように、私はそれまで溜めていた40年間の思いを「この世の成り立ち」としてまとめました。内容は「ダブルメビウスの輪」であり、太陰暦への回帰論であり、人は神であるがゆえに、ヒカリ（光）となって根源へと戻る――などです。ところが、目いっぱいのこの私の思いに対して、反響は……ほぼゼロでした。見事なまでの無視。いいも悪いも、賛成も反対も、何の反応もなかったのです。なんという無力！　これでは、地球《テラ》の語り部として人々に伝えるすべがありません。

そこへやってきたのがぬか床メールでした。彼女と私はひたすらぬか床について語り、味噌と梅干しに向き合い、日本古来の食に取り組みました。理屈ではなく、日々の労働で。そうして彼女は立ち直ったのです。……なるほど、宇宙真理を見せられたような思い、これがまっとうな道だなと思ったのです。

理想論をぶち上げて大論陣を張るよりも、こうした実際的な活動が大事なのではないか。理屈に理屈を重ね、壮大な構想をぶち上げるよりも、具体的な現実と向き合うこと。そのなかで、一歩でも半歩でも、具体的な成果（実績）を上げること。こっちのほうが宇宙的にも人間たちにとっても、実際に役立つのではないだろうか。なぜならシンプルで、わかりやすく、違いが目に見えるからです。それが大事なことだと改めて分かったのです。

以来、私は方法論を変えました。理に走らない。理論をぶち上げるのをやめたのです。もちろん必要があればきちんと自分の意見を申し上げますが、何よりも目の前の事実に向き合って、具体的な成果を上げることを第一優先項目に変えたのです。

換言すると、ちゃんとした生き方をすること。ちゃんとごはんを食べて、ちゃんとした暮らしをする。これを日々淡々と繰り返していくことです。そうした生活を続けていくとある日、問題点が消えていることに気が付きます。きれいになった身体、シャンとしたきれいな心。それが本当の自分——という、もっともシンプルな方法です。本卦帰りというか、原点に戻ったのです。

それには、まずは肉体の清掃、それ以上に大事なのが魂の浄化。両方重ねてできれば一番いい。心身全てを清浄する洗濯。それができないだろうか——いえ、できるはずです。

そのためには、具体的なテーマ、はっきりした目標が必要です。観念や理屈ではなく、具体的な行動・作業性が大事。それを掲げてみました。

すると、やってみようという人間が現われました。

前に挙げた臼井幸治さん（タッチングで胃がんなどを治す医師）、「ヤマト風水」の回央《かいおう》さん、気の流れを調える福西秀人さん（パーソナルトレーナー）。代替医療といわれていたテーマの中からこれぞという課題を自らの任務と捉え、それを専門的に行なう人たちが現われました。

家庭の中に日本食を復活させよう。

家事・育児のお手伝いをします（家庭から平和を実現したいという人たち）。

医学にしても、食にしても、海外の知識を尊重するだけでなく、日本には古来からの素晴らしい叡智がありました。マクロビオティックも本来は日本のものでした。海外で認められ逆輸入されるまで、日本人は気づかなかったのです。

そういう人たちと一緒にやってみる。一緒に学ぶ、育てる――それが自分の仕事ではないだろうか。観念ではなく、具体的な中身、具体的な目的意識と行動を持って動いている人たちの姿が私の視界に入ってきました。

「フローレンス」の活動

こんな例があります。

「根本原理を学ぶ会」（自分が生きているということをどうこの世に活かすか――を学ぶ会）の研修会の席上、「いま一番問題になっているのは何か」というテーマが出たときです。

出産するお金がない、なんだかんだと理由をつけ、誰にも告げす、ひとりで子どもを産み、密かに死なせてしまう。昨今、そういう女性が多い――というテーマが出されました。そうした問題に対応しようとして「フローレンス」というNPO組織が生まれ、無料の妊婦検診と出産を意図して活動しているというのです。

任意のこうした組織や人たちが増えているらしく、「これこれの現状があります。こういう現状をみんなで何とかしませんか」とネットで報告しながら具体的なアクションを起こしているとのこと。こういう流れが今いっぱいあるようです。

そうした活動をどう成功させるか。それに対して、私たち自身何ができるだろうか。「根本原理を学ぶ会」研修会のあと私たちは話し合って、チャリティーなどを含め、それぞれがボランティアで動こうと約束を交わしました。

ひとり1円で1億円集めよう

自分ができることはないか――こうした問いかけは、ずっと以前から、もともとあった課題です。「ひとり1円出して1億円を集めよう」もそうした運動のひとつです。

微力でいい、弱い者たちでいい。そういう人間たちが集まって、1円の力を1億円にしたい。ひとりが100万円を出すのは大変ですが、1億の人間が一度に1円玉を出せば、1億円になる。すると、不可能が可能になるかもしれない。

それぐらいのことなら誰にも可能なはずです。その程度のことができなければ、神が想像し創造した世界とはいえない。これを具体化したら、人間として生まれてきた価値、喜びがあったといえるかもしれない。それが本来性というべきかも知れない。１億円を、「１円を１億人」で叶える。この可能性がどれだけのものを生むか、この世界でそれを実証してみよう――というわけです。

赤い羽根共同募金とおにぎり半分こ

私のなかにもともとあった記憶は、12歳のころの赤い羽根共同募金。10円の赤い羽根。それが集まると、誰かを、何かを救うことが出来るという発想。へえ、そういう可能性がこの世界にあるんだ……と知った小６の少女。（この世界には、ろくなものがない、ここには見るべきものは何もない）と絶望していた少女は小さな希望を見つけたのです。10円の募金がどれだけの力になるのか。希望の見えない人に生きる可能性を見出してもらえるか。それがうまくいったら？　10円を１００円にしたら？　と胸を膨らませていたのです。

いいえ、もっと古い記憶は「おにぎり半分こ」。

小４の遠足のとき、お弁当にさつまいもの子がいた。私にはおにぎりがあったので「半分こしよう」と言ってふたりで分けた。その子はおにぎり半分を食べ、私も残り半分を食べた。

見たのです。

おいしかった。嬉しかった。少女は「1個で二人が喜ぶ」という仕組みに、希望と可能性を

同じ志の仲間

テーマを掲げ、自分のリズムでじっくりやるだけでは、100年たって1歩進むかどうかもわかりません。それでは効率がよくない。

ふとまわりを見回すと、「ハンガー・フリー・ワールド」や「あしなが育英会」のようなNPO組織がすでに産声を上げていて、目標を掲げ、自由に実行している姿が目に入りました。すごい！　まるで天の川銀河の太陽系の仲間のように思えたのです。これだ、連動してやったらどうだろう。

たとえば「あしなが育英会」が発展すれば発展するほど、笑顔の子どもが増えます。その子たちの未来も広がります。未来が広がれば、その子たちの子ども、つまり次世代の子どもたちの保障もできます。安心、安全、団らん――などの世界に繋がります。

交通遺児もガン遺児も、そして戦争遺児も世界中にいるわけですから、彼らが繋がりはじめると、民族と民族の敵対観が消え、国境がなくなり、地球がひとつの家族になれます。性格や風習や伝統は違っていても、ひとつの郷、ひとつの国になれるのです。かつてのテラの

ように。

理屈より具体的な行動を

40歳を直前にして自分に課したテーマは、「人として生きよう」でした。

私の霊能力を発見した野田さんたちからは、その道に入るよう強く誘われたのですが、私はどうしてもイヤだったのです。普通の道をまっとうに歩きたいと断り続けました。

ところが自分の身のまわりの状況が煮詰まってくると、つまり外からの圧力が強まり、自分の内側からも、動かなければならないというようなエネルギーが沸騰してくると、いいでしょう、やってみましょうという方向へ気分が一変したのです。普通の人間でありたいと思いながら、奇妙な力を持っている自分。それを認めるしかなくなったのです。普通の人間と霊能力の合体ロボ――いいでしょう。まっとうに生きながら、霊能力の道も歩んでみようと受け入れたのです。

霊能力なんてみんな持っています――小さなころからずっと私はそう感じていました。そこまでおっしゃるなら、精神機能のひとつとして見直し、磨きをかけてみましょうか……それは、本来誰にでもある力。多分、「気」と呼んでいるものに代表されるに違いないと考えていたからです。

さらに、こう考えました。

自然界の食べ物や自然界から享受できるものをちゃんと見直そう。自然を活用する仕方によって、人は今以上に幸運になったり、健康度を上げることができるはずです。自然は巨大な力を秘めているのですから。

それにはまず身体の洗濯。そのためには食養から入る。でも、これは意志が強くないとすぐ断念してしまいそう。もっと確実にできる方法はないかと探していると、「アーユルヴェーダ」の「パンチャカルマ」というオイルトリートメントに出会いました。自分で体験してみると、これならやれるとすぐ納得。

食とオイルトリートメント、そこに瞑想を加え、さらに自然法に則して生きるリズムを大事にする。これが、心身浄化をテーマに、アーリーハウスがスタートしたときの初志です。

さらに自宅でできる調身法を考えました。日々の食事と日課を決めて、暮らしをきちんと定めて生きるのです。ポイントは、自分で計画を立てて実行する――「規則正しい生活」の見直しです。

たとえば玄米だけの「七号正食」（玄米だけで7日間の食事）。これによる身体の大浄化。そこから6カ月間のコントロールされた意識的な暮らし。それによって心身が大調和を起こすことを知りました。人は自然法どおりに生きられる――それもわかりました。

こうした調身法を実践しながら自然と一緒の暮らしを続けていると、朝の３時（目覚まし時計なしで）にスッキリ起きられるようになり、１日、１時間の効率がぐんとよくなり（たぶん３倍以上）、疲労が減り、ちゃんと働けるようになり――つまり可能性が拡大することを再発見したのです。勢い、他人との共同作業にも快感が得られることを再認識しました。目標を掲げ、それに即して実践する――それを着実に経験すれば、全てが明確になります。実際私も、他人と一緒に計画を立てて実行し、その成果を手にした経験がたくさんあったからです。

こういうふうにこのテラを美しい世界にしたいと願い、他人と関わり合いながら自分の目標を掲げ、実際的な運動を続けている人がいたのです。その代表例がテラ・ルネッサンスの鬼丸さんです。

（認定NPO法人）テラ・ルネッサンス

テラ・ルネッサンスの創業者、鬼丸昌也さん。

鬼丸さんと知り合ってかれこれ30年になります。

彼はもともと船井先生のファンでした。先生のご本の中で、岡田多母についての記述をお読みになり、何かを感じた彼が私に手紙をくださったのが最初の出会いでした。まことに礼儀正しい文面の手紙に驚き、筆者が高校生と知ったときはもっと驚きました。そこから手紙の交換が始まりました。

九州の片田舎の小さな村の中で生きてきたこと、英語ができない、資金ゼロ、人脈も経験もない。ないない尽くしのなかで、どうしたら自分の意志を遂げられるのだろうか、夢は叶うのだろうか。さらに地雷撤去の話、マザー・テレサとのことなどなど。

あるとき、この世界に向かってアクションを起こすのがどういうことか——という話になりました。一人ひとりの力は小さい。微小です。でも、力がないわけではない。小さな力を1カ所に集めて一度に使ったとき、それがどれほどのものになるか。その可能性にヒカリを見ることができないだろうか——と私。小さくとも、無力ではない——鬼丸さんはそれを感じ取ってくれたようです。

その後、高卒で終えようとしていた鬼丸さんを、高校の先生が「自分が後押しするから」と大学に行かせてくれました。大学時代、平和運動、国際的な活動に目を見開かされました。いろんな方々との出会い。初めて聞く話。そうしたなかで、彼は彼なりのビジョンを構築したようです。テラ・ルネッサンスの構想。壮大なビジョン。素晴らしい。私は設立時からその場にいて、些少なカンパをして、あれこれ方針をめぐって語り合い——以来、私は万年理事を拝命することになりました。

テラ・ルネッサンス設立後、鬼丸さんが向かった対象は、まずカンボジアの地雷撤去でした。戦争の負の遺産――地雷という厄介な爆発物――をどうするか。戦争が終結しても、地雷はそのまま残っています。政府間で話が済んでいても、その合意は地雷には届いていません。いきなり手や足を吹き飛ばされることが日常茶飯事で、戦争を体験していない子どもたちにもその恐怖が襲いかかります。

どうしたらいいか。カンボジアの全国土を、日本人にもわかりやすい畳の面積で割って、畳が何枚あるか、畳1枚にいくつ地雷があるか、撤去するのに畳1枚当たりいくら費用がかかるか――鬼丸さんたちが畳1枚1枚を消していき、それが一巡すると地雷撤去が終わりになります。こうして人々にわかりやすく伝え、わかりやすいところから動きました。

「子ども兵」の問題も大変でした。5、6歳から9、10歳ぐらいで拉致されて「子ども兵」に仕立てられ、やがて20歳、25歳となって通常の兵士扱いされた人々。無理やり兵士にさせられた人々です。解放後、日常に戻っても、おいそれと社会に溶け込めません。どうしたらちゃんと社会復帰させられるか。これが課題となりました。

当事者だけでは解決できない国の問題、長年の人種問題、経済的な軋轢《あつれき》、資源の奪い合い、法的なことなどなど、解決すべきことはいっぱいあります。

でも大事なことは、なぜこうしたことが起こるのか、問題がどこにあるのか。それを考えながら、未来に向けてどう解決するかを求めていきました。当事者たちと共に先を見て、そこから道を作っていこう――誰かに援助してもらうのではなく、民族が民族として、自分の足で立つ。

テラ・ルネッサンスは、最終的に、現地の人々にテラ・ルネッサンスの機構全てを渡すことを決めました。それがテラ・ルネッサンスの基本的な方法論です。今日ではカンボジアの人々は自分たちの力で地雷撤去の方法を学び、それを仕事として、自分たちでできるようにする――という仕組みができました。

マイナスの問題を見てマイナスをどうこうするのではなく、そのなかにいる人たちがマイナスを被りながらも夢を叶える方向を見いだす、現地の人々が希望を持てる状況を作り出す――というものでした。

あれ以来20数年。

NPO法人テラ・ルネッサンスは他に類を見ないような勢いで成長を遂げているようで、国連から、他の組織の面倒も見てくれないかという声がかかったりしているようです。私の夢は、いつかテラ・ルネッサンスがノーベル平和賞をいただくようになる――というところまで膨らみました。

これまでに関わってきた友好団体

☆「あしなが育英会」

病気や災害、自死（自殺）などで親を亡くした子どもたちや、障がいなどで親が働けない家庭の子どもたちを奨学金、教育支援、心のケアで支える民間非営利団体。あしなが育英会で育った子どもは、成人するとあしなが支援者に成長します。支援された子は支援者に。こうして世界中の遺児たちと繋がりながら力強く生きています。

☆「ハンガー・フリー・ワールド」

飢餓のない世界をめざして活動する国際協力ＮＧＯ。心も身体も健康に生きていくために必要な食料を自らの手で得られることは、人間のもっとも基本的な権利のひとつ。人間の根源的な喜びは「自給自足」「生きることは食べること」「おいしいは幸せ」。

☆「チベット支援」

チベット民族の伝統文化、精神を子どもたちに伝承することが主軸。「ダライ・ラマ法王日本代表部事務所」あるいは日本の支援グループを通して、里親としてチベット難民の子どもの教育をサポートすることができます。子どもひとりの学費と生活費は年間４万円です。

☆「アムネスティ・インターナショナル」

肌の色が違うから、宗教が違うから、よその国から来たから、女性だから――いろんな理由で差別や暴力に苦しむ人が世界中に大勢います。政策を批判しただけで捕まってしまう人、ひどい条件で働かされる子どもたち。人間の尊厳が尊重されることが幸福の基盤です。１９６１年に発足した世界最大の国際人権ＮＧＯ。

☆「国境なき医師団」

「独立・中立・公平」を原則とし、人種や政治、宗教にかかわらず、いのちの危機に直面している人々に、無償で医療を提供しています。

☆「カタリバ」

語り場。心を開くとは語り合うこと。語りから教育へ。子どもたちの笑顔からのスタート。どんな環境に育っても「未来は創り出せる」と信じられる社会を目指して設立された教育ＮＰＯです。

☆「たらちね」

２０１１年3月11日の福島第一原子力発電所の事故による被ばくの被害から子どもたちと地域の人々の健康と暮らしを守るため、地域住民により設立されました。見えない・におわない・感じない放射能による環境汚染と長期的に向き合い、これから先の遠い未来を見据えた活動を行なっています。子どもたちは宝です。大人は子どもたちを守らなければなりません。

☆「グッドネーバーズ・ジャパン」

「お腹いっぱい食べたい……」空腹をがまんするひとり親家庭の子どもがいます。あなたのご寄付で、誰も助けてくれないと絶望するひとり親家庭に手を差し伸べてください。

「あなたの隣人を愛しなさい」イエスの言葉です。子どもは国の宝。社会の子です。一緒に子育てしましょう。

☆「セーブ・ザ・チルドレン」

日本を含む世界約１２０カ国で４８００万人を超える子どもを支援中。医療支援、ワクチン支援など救えるはずの子どもたちを救うために、支援を拡大しています。わが子の死はこれ以上ない不幸です。子どもを失う悲しみをこの世界からなくしましょう。サッチモの歌う「この素晴らしき世界」のような世界を実現させましょう。

☆「フローレンス」

子どもたちのために、日本を変える——私たちは、社会で子どもを育むことを設立時から理念とし、日本の子ども・子育て領域において全国に福祉・支援活動を広げながら社会課題の解決をおこなってきました。今、目の前にある課題の解決と共に、未来の子ども達に手渡したい社会の創造を、皆さんと一緒に実行していきます。

☆「グリーンピース・ジャパン」

国際環境NGOグリーンピース・ジャパンは、環境保護と平和を実現するための社会システムの変革をめざし行動する、「国際環境NGOグリーンピース」の日本支部です。政府や政党、企業から資金援助を受けない独立型のNGO団体として、科学的知見に基づいて、様々な立場の人と協力して活動することを大切に、全世界300万人以上のサポーターとともに地球環境を守るために行動していきます。

☆「ピースワンコ・ジャパン」

ワンコは犬、ワンちゃんです。いまこの国では、約3千匹の犬が殺処分されています。「殺処分ゼロ」をめざして活動しています。人はどれだけ犬に救われたことでしょう。犬と人の幸せのために。

☆「シャンティ国際ボランティア会」

本の力を生きる力に。本を通じた学びが生きる力を育み、やがて一人ひとりの未来を拓く力になります。どれだけの人が読書で救われたことでしょう。読書に救われた私岡田多母の希望でもあります。

☆「山友会」

東京都の通称「山谷地域」。ホームレス状態、生活困窮にある方々に、無料診療、生活相談・支援、炊き出しなどの支援活動を行なっています。戦後の日本を支えてきた方々に安心と笑顔を。

☆「ユニセフ」

紛争の影響を受ける子どもたちと家族を守る。ユニセフは子どもたちを支え続けます。

☆「ワールド・ビジョン・ジャパン」

紛争、災害、飢餓等の影響下で、子どもたちのいのちを守り、その未来を築くために、いま必要な支援を届けます。

☆「ペイ・フォワード」と白鳥哲さん

自分が「受けたり」「してもらった愛（恩）」を次の方に渡す。幸福の連鎖で叶える幸福の拡大方法。「恩返し」「恩送り」は日本古来の「送り願い」のこと。「感謝」「親にしてもらったこと以上のことを子に尽くす」は、私の父母の遺言であり家訓であり、私の信条です。映画監督の白鳥哲さんも「恩送り」の活動をなさっていますね。「日本」の精神は、譲り渡す（伝承）というトコトワ（永遠）の愛です。

ここなら生きられる

振り返れば、こうして私はＮＰＯの方々と、ずいぶん長いことお付き合いをさせていただいたのでした。私が願っていることと同じようなことを押し広げようとする人たちです。小さな集団もあれば大きな団体もあります。でも、みなさん私と同じ方向を見ているような印象です。飢餓から、災害から、暴力から子どもたちを守ろう、もちろん大人たちの問題も含め、小さな力が集まって何かを達成しよう。

鬼丸昌也さんをはじめ、この人たちとなら一緒にできるかもしれない、この人たちの活動を支援するだけで何かが叶うかもしれない——その可能性をひしひし感じてきました。

その活動を見守り、（少しでも）その活動にコミットすることで、その先に、優しい人や幸福な人を育てられるのではないか。ちょっとでも悩みを少なくしていくことが可能になるかもしれない、そういうところに手が届いたらありがたいと思ったのです。

著名人ばかりに目が行きがちですが、本当は、私の祖母、テルばあちゃんやルイばあちゃん、その隣のじいちゃん、ばあちゃん、名もなき普通の人々がコツコツ実直に生きることでこの世は成り立っているようです。そういう人たちは、自分がどう生きたかを家人に、周囲の人々に語り継ぐでしょう、希望と夢を一緒に。それでいいのだと思います。

自分にできることをやろう、微力でも、弱くてもいい。観念に固まるのではなく、具体的な目標を掲げてそれを実行しようと思ったのです。

（第10章）

和——ユルヴェーダ

いちばん大切なこと

いま、私が意識しているいちばん大切なことは、人間として当たり前に生きる――これです。

大雨が降ろうが、台風がやってこようが、世間が大騒ぎしようが、日々実直に、淡々と、真っ当に生きる。これができれば、人間幸せです。シンプルです。幸せはお金や名誉ではなく、外からもらうものでもないことは、もううすうす気づいていることでしょう。

人間本来の生き方に戻り、人として、天然自然に、生きとし生けるものに寄り添って生きる。根源との間に作った壁を外し（そもそも壁なんてなかったのですが）、根源と共にある毎日を取り戻すのです。

もちろん一朝一夕にできることではありません。でも、意識してそういう暮らしを重ねていくと、あるとき「あれ？　いい感じだな」と気づく時がやってきます。外の世界で何が起きていてもそれに囚われることなく、自分のなかに閑《しず》けさ、健やかさを見つけるでしょう。

なぜ病むのか

幼いころから、私は人間の身体の仕組みに興味津々でした。あの人は元気、こっちの人は病気。どこが、どう違うの？　自分は身体が弱く、ほかの子のように自由に遊べなかったことがその理由のひとつ。そしてアイルだった記憶を思い出したことがもうひとつの理由です。

アイルのころは誰も病気などしていませんでした。みな健やかでした。同じ人間なのに、現代人の多くはなぜこんなに病んでいるのだろう。身体の病だけではなく、心（感情）や頭（思考）も病んでいるみたい。自然に生きていれば健康なはずなのになぜだろう——その本当のわけを詳しく知りたかったのです。

病気をしないで、健やかに暮らすにはどうすればいいのか、苦しんでいる人を助けることができないだろうか。そんなとき「健全な精神は健全な肉体に宿る」という言葉を思い出し、「まず身体から」と、薬学と医学の道をめざしました。

人間の身体はどうできているか、どんな働きをしているのか——それを数年がかりで学ぶと、「病気」を対象としている学問から本来の健康を見つけることは難しい、的外れだと感じたのです。

外側からの治療ではなく、人間本来の、内側からの力を引き出すこと。それには「食」と「暮らし」そして「こころ」だ——10代のころからそんなことを考え、医学、薬学、さまざまな本を読み、人を訪ね歩きました。「これだ」と思ったのが、20代初めに出会ったマクロビオティックです。この道のスタートは、東京・東北沢の学校でのリマ先生の料理からでした（創始者桜沢如一《さくらざわゆきかず》先生はすでにお亡くなりでした）。

マクロビオティックには、「身土不二《しんどふじ》」「一物全体《いちぶつぜんたい》」「陰陽調和」の3つの原則があります。「身土不二」はもともと仏教用語ですが、人間と暮らす土地はそもそも一体。その土地のものを食べ、生活するのがいい——という考え方です。

「一物全体」はありのまま、丸ごと。生きものは丸ごと全体でバランスを取って生きている。だから、食べる際もそのまま全体を摂取することが望ましい。

「陰陽調和」——この世は、昼と夜、光と影、男性と女性など、一方があるからもう一方がある、両方ないと成り立たない、どちらがいい悪いではなく、互いに互いを必要とする。陰陽が互いに補い合い、引き合い、絶えず変化しながらバランスを取っている、という考え方です。

和——ユルヴェーダ

30代で出会ったのがアーユルヴェーダです。

アーユルヴェーダのそもそもの意味は「生命の科学」（Science of Life）です。病気を見る西洋医学に対して「健康を見る医療」と呼ばれ、病気になってから治すのではなく、病気になりにくい、健康な心身を育てることを目指しています。

マクロビオティックとアーユルヴェーダどちらも、私が体感し日々実践している「自然法」に添うもので、祖母が教えてくれた、生きるための知恵に通じるものでした。これらを統合して、自分の講座に取り入れてみよう。そう思って始めたのが「和ーユルヴェーダ」です。もちろん「アーユルヴェーダ」と「和のこころ」を合わせた私の造語です。

日々の暮らしをいろいろな角度から見直し立て直すことで、心身を健やかにしていく具体的な実践法です。理屈や理想よりも、幸福や満足を感じるこころを育てるものです。それを自分の奥深いところで感じ、自然に溢れてくる思いを行動に表わすことができるようにと願って、「和ーユルヴェーダ」と名付けました。

その基本をまとめると、こんなところです。

○食と暮らしを調えましょう。
○考え方の癖を見直しましょう。
○要らないものは捨てましょう。
○生き生きと、健やかに、笑って、幸せに生きましょう。
○自然法に則った日常を取り戻しましょう。

3つの柱

次の3つが基本です。

1. おばあちゃんの知恵
（祖母が生まれ育った埼玉県秩父地方の古神道的な伝統と生活習慣から）

2. 東洋の伝統的宇宙観と生活様式
（桜沢如一先生の「マクロビオティック・無双原理」から）

3. インド哲学と伝統医学アーユルヴェーダ
（ヴェーダ科学から）

ここには、共通する生命観、宇宙観があります。
おばあちゃんの知恵は、秩父で生まれ育った祖母の生きる上での知恵。日本人の伝統的な生活様式の中で伝えられてきた強さとしなやかさ、優しさがあります。不安定だった私が人として大きく外れることなく生きて来られたのは、目に見えない自然の助け、それに祖母の教えがあってのことだと思います。膝の上で、こんな話を聞かされました。
○いやなことがあったら、好きな歌でも歌いながら、掃除のひとつもしたらいい。そのうち、なんのことだったか忘れてしまうよ。

○寂しくなったら、花や木と遊んでみるがいい。豊かな気になって、ホッとするかもしれんから。
○腹が立ったり悔しいことがあったら、川に行ってどなってこい。川の水が流してくれて、いつか海が呑み込んでくれるさね。山に行ってどなるんじゃねぇよ。「バカヤロー」がこだまになって自分に戻ってきちまうから。
○生きていくのがイヤになったら、お天道さまにお願いしてみな。ずいぶんとあったかで優しいもので包んでくれる。そうすりゃあ、また明日が来るというもんさ。

祖母は、日ごろから「水の神さま。風の神さま。かまどの火の神さま」を大切にしていました。身体や心についての知恵や知識があったのでしょう。私の様子をみては「おまえは火に気をつけろ」とよく注意されました。身体を形成する風、火、水の要素のうち、火の要素が不安定なので、火に関係する熱、渇き、消化力など注意しなさい――というわけです。

もちろん父母や弟にもそれぞれの忠告をしていました。

鼻がジュクジュクするのは水の要素が多くなっているから。肌に湿疹が出るのは火の要素が調っていないから、手足が冷えるのは風と水の要素が調っていないため、潰瘍は火の要素、不眠症は風の不安定さから、便秘は水、下痢は火、ぽろぽろウンチは風の要素の増加による

――そういう知恵の伝承です。
病院や薬が今ほど身近ではなかったころは（ほんの60年ぐらい前のことですが）、自分で観察し、自分で対処すること、対処法を知ることが当たり前だったのでしょう。祖母が特別の力を持っていたからではなく、代々受け継がれてきた見識の集積だったと思います。

まずは水

水はテラにとって大切な要素です。そもそも星としてのテラの誕生の発端は、燃え盛る火の玉でした。火は生命力。でも火だけではいのちは生存できません。火（カ）を鎮めることができるのが水（ミ）。「カ」に「ミ」を寄せることで、初めて火と水という生命に不可欠な要素が生まれ、大地が誕生し、いのちが発生するプログラムが始動しました。水は、あらゆるカミ（火水）を具現化する大切な要素です。土地や大気の不調和を調え、元どおりの流れに収めるために必要なものです。

「清き水の流るるところに清き魂集まりて、清き国となりゆくなり。これすなわちイヤシロチとなりぬ」（イヤシロチ＝弥盛地）

水探しを始めたときに伝えられた意思です。
「大事なものを調えなさい。創りなさい。よき水を見つけることで場を調え、清めることができる」と受け取りました。この水が、今後起こるであろう大変化の助けになるとわかりました。

大変化とは、テラとそこで生きる人間に対しての宇宙規模での調整、「大浄化」です。水探しのスタートは30歳のころですから、もう30年以上も前のことです。アセンションという言葉を知りませんでしたが、大浄化と同じこととわかっていたようです。

あのころも銀河系の総意の下、大浄化は順調に進んでいました。ところがある一部の人間がケガレ（気枯れ）を創り、大浄化の足を引っ張っていたのです。

「これはおかしい」――井戸水が飲めなくなり、夜空から漆黒が消えたと気づいた16歳の高校生の直感。あれを境に事態は急激に変化しました。自然と切り離された人間が目先の利益のため環境を壊しつづけた結果です。

その一方で、人間は自分自身を固く閉ざしています。それゆえ天然自然との関わりに気づくことができないせいで、大浄化のエネルギーが届かないのです。岩戸隠れをしているのは天照大神ではなく、人間たちです。この自縛から解《ほど》かれないと、人間は不幸だらけ、苦難だらけになってしまいます。

「水清きところに清き魂あり」

清き水は肉体の変化・変容の手助けになるでしょう。意識やこころを調えることはもちろん必要ですが、よい水を飲むことで身体の浄化が進み、本来の魂が息づいてくる――「健全な精神は健全な肉体に宿る」ことで、未来を叶えられると確信したのです。吉祥の水探しの場面で、最初手に入れた「回帰水」を「新生水」と名称変更した理由も、ここにあります。回帰するのではなく、「新しく生まれ変わるため」の水です。

人は人と交わると、互いのバイブレーションの交流が起こります。明るくて機嫌のいい人と一緒にいればこちらも気持ちよくなり、どんよりした気分の人といれば、確実にそれを感じ取ります。それと同じように、浄化を完了したテラのよき水を飲むことで、テラと同じオヤをもつ私たちもテラと共振共鳴できます。人も同じオヤから生まれたヒカリ生命体です。本来の精妙さを取り戻した人が周囲と交わり交感することで、そのバイブレーションは広まっていくのです。

すると、伝えられたとおり、「清き水の流るるところに清き魂集まりて、清き国となりゆくなり。これすなわちイヤシロチとなりぬ」となります。

まずは、いい水を飲んでもらおう。それが「アースエネルギー研究所」を立ち上げた目的でした。水だけではなく、食と暮らし、そしてこころを調えていこう。こうやって私は「タ

水探しを始めたときに伝えられた意思です。

モ」としての人生を、伝えられた意思の方向に向かって、少しずつ漕ぎ出したのです。

クリシュナ先生

マクロビオティックに出会って学んだのが「身土不二」「一物全体」「陰陽調和」の3原則です。この教えに出会ったときは、嬉しくて本当に感激しました。

その後、心と身体の関係をさらに知るために、あるご縁から、東洋伝承医学研究所のクリシュナ先生の門をたたきました。やはりここも自然法が基本で、祖母の教えに近いと感じたからです。

先生の下でアーユルヴェーダの基礎理論を学び、その後、専門コースのアーユルヴェーダ・オイルトリートメントの施術を、クリシュナ先生と高橋佳璃奈《かりな》先生に学びました。食養や生活改善だけでは足りないところを、手を当てる施術――外からのアプローチで補うのです。系統立った仕組みは素晴らしく、学べば誰にでもできます。専門コースの最終試験の面接のときに、クリシュナ先生の質問に対して祖母の話をすると、「あなたのおばあさまはどこでアーユルヴェーダを学んだのですか」と驚かれました。

祖母の知恵は土着のもの。アーユルヴェーダはインド由来。気候も人間の体質も違うはずですが、通じるものがあるのです。民族や人種が違っても、さすが人類は人類ですね、通じるものはお互い通じ合える。それに感動しました。

この専門コースでいのちの深淵を強く感じた私はその後、インドの聖者マハリシ・マヘーシュ・ヨーギーが提唱する「ヴェーダ」を学び、ＴＭ瞑想からシディコースへと進み、ヨーガから生命科学としてのアーユルヴェーダを見詰める探求へと進みました。

このマハリシ先生のスクールで出会ったおひとりに蓮村誠先生がいらっしゃいます。「マハリシ・アーユルヴェーダ」の講師をされていた蓮村先生から、その基礎のインド哲学とヴェーダ聖典についてしっかり教えていただきました。


ヒトのＤＮＡは99パーセント同じだそうです。人間の身体の根本は同じなのです。私がアイルだったころのテラは天候や地形もほとんど一年中変わりがなかったので、今よりずっと人間の身体に共通性がありました。それと同様、各地にいる賢人たちが伝えてきた養生法に共通点があるというのも、なるほどと納得できます。

アイルのころの時代を過ぎ、テラには地殻変動によって寒暖の差、気候の変化が発生しました。それに合わせるように、その土地に適するように人間の身体も変化し、そこで生まれたのが「身土不二」の考え方なのでしょう。身体に合うのは住まう土地の食べ物（産土《うぶすな》のいのち）だと。

クリシュナ先生には「あなたならこれを続けることができるでしょう。日本の知恵だけでなく、アーユルヴェーダもぜひ継承してください」と言われました。お言葉をありがたく受けて以来、「和ーユルヴェーダ」の考え方を基本とした食養や手当て、オイルトリートメント、そして調身施術の方法などを続けることになります。

次に食

「もう、どうしようもない……」と行き詰まった末に、私を訪れる人は少なくありません。心身共に限界、頼る人がいない、あちこちで学んだり治療を受けたりしたけど、もうどうにもならない――そんな悩みを抱えた方が訪れてきます。

お話を伺ったうえで対応するのは、まず身体です。心を調えるためにも身体を調えることが近道なのですが、あれこれの知識で頭がガチガチのところに、いくら情報を入れてもいいことはありません。

身体の基礎は、何をおいても食です――というと、「何を食べればいいの？」とすぐそこに意識が向きますが、何を食べるかよりも「どういただくか」が重要です。食べ物がどこでどう作られたかはたしかに大切ですが、それに左右されると、その「情報」だけを求めることに走りがちです。そうではないのです。「どの産地の、どのブランドのお米がいい？」の前に、もっと大事なことがあります。

産地でもブランドでもなく、大切なのは、どういただくか、誰が、どんな思いで作ったのか、ここまでどうやって届けられたのか——作った方の労力やその気持ちになって感じてみる、その方々のいのちに想いを馳せる、そうして作物のいのちをいただく。それが大事なのだと思います。

内容もシンプルです。ごはん、味噌汁、香の物。これで十分。

基本は玄米ですが、自分の体調に合わせて、玄米、3分搗《づ》き、5分搗きのお米を清水で炊いたごはんをいただきます。

みなさん驚くのが、噛む回数です。「玄米ひと口300回」（胚芽米は30回）と言うと、目を丸くします。噛むことで身体を調えるのです。1杯のごはんを食べるのに45分ほどかかります。お米本来のいのちを、心から味わっていただくのです。

日本食を中心に据えているのは身土不二の観点からですが、そればかりではありません。日本食は、陰陽を学ぶのに適した料理なのです。食べ物に陰陽の性質があるのはご存じですね。陽の食べ物は、血管や細胞を締めて身体を温める。陰の食べ物は、血管や細胞を緩めて、身体を冷やす性質があります。

たとえば大根は、しっかりと固まっている「陽」の食材です。大根おろしにすると「陰」にになります。ジアスターゼという消化酵素が働きやすくなり、それが消化にいいというメリットもありますが、大根の要素がばらばらに細かくなることで、拡散する、広がる、緩むという性質が他の食材に伝播して、消化を助けるのです。このように、素材、調理の仕方で陰陽の変化を目の当たりにすることができます。料理は、もっとも身近にそれを実感する機会です。

炊き方といただき方を学んだら、あとは実践です。半年も続ければ、日本食が自然に身体に合うようになり、おいしいと感じるようになります。身体のリズムも変わります。早朝、自然に目が覚めるようになります。身体は、頭や心よりずっと素直で正直なのですね。

所作

これも大切な学びのひとつです。

所作とは、人間の生き方や考え方が行為として、自然な形となって表われたときの身のこなしです。その人が生きてきた経験と知恵、愛情表現――それが行為にはっきり出ます。所作を大事にする目的は、真善美を体感すること、真の生き方を思い出すことです。

現代人の生活は寝る時間も起きる時間もめちゃくちゃ。一日中座りっぱなしの人、寝転がってスマートフォンを眺め、人とのやりとりもなく、運動不足の人、睡眠不足の人。笑いも生まれず、頭のなかもグチャグチャの人。これではなかなか健やかな心身とはならないでしょう。

具体的には、掃除の仕方、歩き方、挨拶、人との向き合い方の実践です。マナーや礼儀作法の講習ではありません。形式や順序を覚えるのではなく、相手を感じ取り、触れ合うことで、思いやる「こころ」の表現を実践するのです。

ものの見方、聴き方、歩き方。初めは自然事象の観察から入り、それを身体へ繋げます。たとえば、歩き方。自分の足の動きはどうなっているか。地面に着いた足裏の感覚、蹴り出したときの脚の感覚を観察します。

「ああ、今日の仕事うまくいかなかったな」「晩ごはん、どうしよう？」など考えごとをしながら歩くのではありません。散歩は祈りに通じます。ですから、ただただ無心に歩く。これを日々実践することで、身体の深いところに祈りは落ちていきます。

合宿では、朝の3時に起きて、近くの川に水を汲みに行きます。

真冬なら水の温度はマイナス。川に足を入れて、水を汲みます。ふだん自分が置かれている環境がどれほどのものかを川に教えてもらい、それを感じるために、こうした行動を重ねるのです。

自分たちは自然の一部とわかって生きれば、身体が健やかな流れに乗り、病気も自然と治っていきます。バラバラになった心と身体の調和が取れると、望みも叶うようになります。叶うというよりは、「今生こういうふうに生きよう」と決めることで、自分という心身が携えてきた魂の目的に向かえるように、自然に調うのです。

足し算より引き算

もっと大事なのが引き算です。余計なものを省く。入れるより、まず出す。息も、吸うより吐く。排泄してすっきりしてから、食べる。

入れすぎ、摂りすぎ――そこから人は不安になります。必要以上に持ちすぎると、なくなるのが怖い。「間に合っている」「必要なものは、必要なときに必要なだけ入ってくる」を知っている人は、怖くない。

満足していないから、詰め込みたくなるのです。空腹ではないのに食べたいという欲求は、満足していない心をほかの何かで満たしたいという心の反応から起こります。真っ当な食べ物を適量いただけば、心はスッと収まります。

そもそも現代人は食べ過ぎです。「1日3食、30品目」なんて言われますが、本当でしょうか。「人間の身体は食べたものでできている」という表現もありますが、そうとばかりいえないのです。もちろん食べ物は必要ですが、プラーナ、そして生きようという意思、これらもなくてはならないものです。プラーナとは「気」「純なるもの」。空気中から呼吸で取り入れる生命エネルギーです。さらに人間には意思があります。身体が「生きる」と決めているうちは生きます。生命力がなくなれば死にます。

食べる、食べない、何を食べる——に一律の答えはありません。それぞれの体質、体調、気候などで変わります。自分に見合った適切なものを適量、適切なときに食べる。そのうちに、「あ、これで十分」とわかります。自ずと分《ぶん》を知るのです。

無駄な思考も引き算しましょう。

食と同様、人は不安だから、情報を貪《むさぼ》り食うのですね。一番の不安は、死でしょうか。死ぬ前の恐怖でしょうか。孤独でしょうか。あれこれ考えても仕方がありません。死は決定事項。死ぬ確率は100パーセント。心配しなくても、時が来れば誰でも死にます。病で死ぬのではなく、寿命で死ぬのです。

本棚を全部空にしたらどうでしょう？　スマホを見るのは5分にして、ゲームやインターネットはやめる。「この習慣から抜け出る。もうそんなところにいない」と自分で決めるのです。

私は新聞もニュースも見ません。どんな大事件が起こっても、その影響を受けずに過ごせます。人間の作ったものは宇宙の摂理とは無関係だからです。本当に必要で大切なことは耳に届きます。それまではみんなで集まって「ねえ、何しようか？」と、そんな話で大笑いしていればいいのです。

どう生きるか、これがいいか悪いか、正しいとか間違いとか――そんな妄想は一刀両断しましょう。思考に引っ張られずに、いまこの瞬間、生きているそのままを味わいませんか。

これが、思考の引き算です。

タッチングセラピー

他人の身体に触《さわ》る、触られる。そうしてお互いを感じます。触る、触られる――その両方で、自然治癒力は高まります。大好きな人と抱き合えば、安心と愛おしさでいっぱいになるでしょう。お母さんが赤ちゃんを抱っこすると、赤ちゃんは安心しますね。同時にお母さんもそれを感じます（肉体で愛を感じられるなんて、身体のない存在からすれば最高に幸せなことです）。「触る、触られる」を丁寧に感じていくと、相手の身体やその思いを深いところで感受できるようになります。人間の身体はただの物質ではないと気づくようになるのです。

人間だけでなく、身近な植物に触れてその意識を感じ取ったり、息吹というその生命力を味わう練習もします。たとえば花に「こんにちは、きれいね」と思いをかけると、花は風の力を借りて自分を大きく動かし、返してくれます。

太陽や月、星、もちろんテラにも声をかけてご挨拶します。龍神、風神と呼ばれるエネルギー体とも交流します。龍神、鳳凰《ほうおう》、ダイダラボッチなど龍体と呼ばれる存在に形があるわけではありませんが、彼らはよく雲の姿で現われます。こちらが合図を送れば、形や色を変えて反応してくれます。

「へえ、龍っているんだ」とびっくりする人がいますが、人間だって龍体です。肉体に閉じ込めた意識を開けば、どこへでも飛んでいけます。誰かの夢枕に立つこともできるし、夢で啓示を受け取ることもできます。昔話や言い伝えにあるような架空のものではないのです。

子どものころ転んで足をぶつけたとき、おばあちゃんが「痛いの痛いの、飛んでいけー！」とおまじないをしてくれましたね。おなかが痛いときには、優しい手で撫でさすってくれましたね。それで痛みが消えたでしょう？　このおまじないや手当てが超自然の力です。お母さんが撫でたのは、「治ると信じていた」。だから治った。それが答えです。

うがった言い方になりますが、「治療家は治そうとするから治らない。母親は治ると信じているから治る」。ある意味で的を射ていると思います。

今ほど医学が進歩していなかった昔は、何事も自分たちの力で解決するしかありませんでした。大切な人を思って手当てをすれば、相手も自分もどちらも幸せ。医者や薬に頼らずに生きていけたら、ずっと楽しいでしょう。「おまじない」「お手当て」「念じる心、念じる信念」で「超自然」の力を引き出し、それを使って生きていけるようになります。それに気づく人が増えてきたようです。

サニヤス

私がとても大切にしているものです。サニヤスとは、インド哲学ヴェーダの言葉で「真理を探究するプロセス」を指します。出された題目について問答を交わしながら、それが自分の考えかどうかを判別します。「あれ、これは自分の思いじゃないな」と気づいたら、その借り物の思い込みを捨ててそこから自分を探究する方法です。奥行きを知るための問答――でしょうか。

たとえば、食や暮らしでは身体を調えるのが基本ですが、まだ不十分です。私たち本来のいのちを思い出すには、思考の癖や思い込みを解き放って、本来の心の使い方を取り戻す必要があります。

現代、人は生まれた直後から教育という洗脳を受け、感情に左右されながら行動してきます。そうして造られた自分を自分と思い込み、ときにフラストレーションや自己否定の波に呑まれます。

そうした領域を超えて自分の本質に気づくこと。その方向に慣れると、感情や思考の癖に翻弄されることなく、自分の本意に従って生きることができるようになります。換言すると、対象をどれだけ深く捉えられるか、本質にどれだけ近づけるか――そんな自己探究です。

といっても深い気づきに到達するのは、自分の力だけではなかなかです。指導僧との問答を大事にしている仏教の宗派もありますし、宗教に限らず、師の生き方、考え方をもって指針を示す鍛錬法もあります。情報が氾濫している昨今は、よほどの観察力や洞察力がなければ、自分で自分を知ることは難問中の難問です。

「自分の考えに固執するのがよくないのですか」と聞かれることもありますが、そうではありません。自分の固定観念を外すのでもありません。そもそもほとんどの人は、本当の自分の考えなどもっていません。自分で考えているようで、考えていないのです。他人の考えを取り込んでいるだけ。これまで見聞した誰かのいいと思った部分を取り入れて、自分の考えとしていることが多いのです。

師は人だけではありません。自然、花鳥風月、森羅万象全てが師です。人間はあらゆるものと関わっています。天然自然のあらゆるものと深く関わらないと、本来のものはわかりません。まずは、自分という自然を観ること、知ること。自分を知って、いま生きているところから、生を見る――それがサニヤス。面白いですよ。

絵手紙を描く

私の活動の中心プログラムは食と暮らしですが、その根底にあるのは人間らしさです。どういう意識で、美しさや喜びをどんなふうに感じ、どう生きていきたいか。最近気が付いたことですが、みなさんはあまり情《なさけ》に触れていないということです。頭で考え、答えが出たら、「はい、それで終わり」と思っているようです。

情に触れる――めっきり少なくなりましたね。そこで「絵手紙を描く」です。ふだんの暮らしの中で「他を思いやる」という場面が少ないから、絵手紙を描いてみたらどうだろうと考えたのです。

まず、葉書10枚を用意し、毎月、10人に絵と文章の絵手紙を描きます。すると相手から思いがけない返事が返ってきたりします。その絵手紙に何かを感じたのですね。そんなことから何かが始まります。

絵は、子どものころの心を取り戻します。絵心ですね。上手下手ではなく、相手をどう感じるかが大事。ですから描く際にも、相手の気持ちを大事にします。自分が描きたいものを描くのではなく、相手を感じ、相手が感じられるものを描いていくのです。それを続けているうちに、何かが開いていきます。

絵手紙を書いている母親に子どもが「お母さん、こんなことをやっているの、私もやりたい」と親子で絵手紙を始めることになり、その結果、子どもとの関係が改善されたという方もいます。子どものころ、絵日記を描いていた人が多いようです。私も大好きでした。描いているとき、読み直しているとき、何ともいえない世界が広がります。何かを思い出しながら描いていると、子どもたちや孫たちがそばに来て一緒に描きたがります。大切なのは、その心です。言葉より絵のほうが、なんとなく心を伝えやすいからですね。

描き続けていると、ある変化が生まれます。

ガサツだった心にいつの間にか潤いが蘇ってきます。それも大事な所作のひとつ。10年、20年と続けていくと、変化も顕著になります。題材も、どちらかというと花や野菜。または食べ物を描くと温かい絵になります。いのちがあるからですね。食べ物は人を支えているので、生命力が感じられるのでしょう。

食べ物の次は、花鳥風月に移るのが通例です。まず、いのちを養うものをちゃんと描き、その上で、人のまわりにあるいのちを描く。人とそのまわりにいる仲間の姿形。それを、なるべく美しく描く。すると自分自身が豊かになります。

日々の暮らしも同様です。花鳥風月を楽しむ前に、美味しいものを食べましょう。空にある月を感じる前に、土に触れてほしい。土を耕してできるものが食べ物。題材はだんだん身近なものへと変わります。

人は目の前にあるものの美しさや、いつもそこに置かれているものの大切さに次第に惹かれていくようです。抽象画を描いていた人が、いつの間にか遊びにくる猫を描いたりしています。そこに「愛おしい」気持ちが表われています。

相手から返事が届いたりすると、予想していなかった相手の心を感じ、自分も温かくなってきます。その繰り返しで培われたものが支えになってきます。人生の晩年を迎えて絵手紙を描き始めた人が、「やっと人生が豊かになった」とおっしゃいました。ホッとする時間が生まれたのでしょう。

身体の声を聞く

私を訪ねてきてくださるのは心身に悩みを抱えた方たちが多いのですが、中にはスポーツ選手、役者さん、歌い手さん、さらにトレーナーや身体コーチの方々もいらっしゃいます。

私にはそうした専門知識や経験があるわけではありませんが、どうしたら良くなるか、どんな手段を講じたらいいか、どんなトレーニングがいいか――なんとなくそれがわかるのです。

まず相手の身体の構造を深い領域で観て、心身をリサーチ。その方の量子場やエネルギー、バイブレーションの状態を読み、どこが強く、どこが弱いのか、どう対処すれば、身体が本来の動きを出せるか、それがわかるのです。その上で、それに適した手段や方法を受け取ります。まず私自身の身体で表現して見せて、相手と一緒にやってみるのです。すると、お相手は「あ、そうだこれだ!」とわかるようです。ふだんから身体と向き合っている方が多いせいでしょうか、理解が早く、ストンと腑に落ちるようです。

あるとき、相撲の力士さんがいらっしゃいました。彼から「十両になれますか?」と聞かれました。「重量? どのくらいの体重になりたいの?」と聞いて笑われました。重量ではなく「十両」でした。リサーチすると、「もっと上までいく人」とわかりました。「え! どこまで昇進しますか?」と聞かれたのでリーディングすると、「コムスビ」でした。コムスビ? 小結というランクも知らなかったのです。そのご縁で彼のトレーニングを担当することになり、彼は無事小結まで昇進し、今も仲良くさせていただいています。

身体コーチの方からの依頼もあります。その方が担当する選手の動画を拝見しながら、どうすればいいかをアドバイスします。「腰から歩いてみて」と実際にやってもらうと、瞬時に相手の動きが変わります。「どうしてわかるんですか?」と驚いています。こちらもわからぬまま、「あれ、太ももにヒモを巻いて走ってみて?」。そんなひと言でまた変化。

人間の身体は正直ですね。一番いいスタイルを知っています。身体のどこかにある詰まりや滞り、ちょっとしたズレ。その人のヒカリを感じとり、そのヒカリにフォーカスすることで、身体はスッとベストの状態に入っていけるようです。

サトワセラピー

これは、いま私が一番力を入れていることのひとつです。

食や暮らし、こころを調える基本は、「調身」「調息」「調心」です。食を見直し、身体を調整することで、自分自身に気づくようになる。これが「調身」。「自《みずか》ら」「自《おの》ずから」変えることで、自分自身に気づく基盤ができます。

そして、精神を調える「調息」。サニヤスなどで我流の考え方の癖を捨て、間＝真を知るための稽古です。

それに加えて所作。暮らしを修めていくことで、こころが調います。これが「調心」。

調身、調息、調心――これが基本です。

基本ができると、生命エナジーの顕われである肉体の自分と、本体のエネルギーとしてのヒカリの自分が一体となります。それがヒカリ生命体としての在り方。つまり純粋で精妙なエネルギーの状態――これを「サトワ」と名付けました。サトワは宇宙に満ち満ちています。

自分という生命体を通して、宇宙全体のサトワが溢れる、自分が宇宙全体のサトワの通り道になるのです。

それができるようになれば、次に、そのサトワを他人にも写すことができるようになります。自分自身のヒカリを相手に渡す。または自分のヒカリで、相手やその場をサトワで満たすのです。

サトワセラピーとは、ヒカリ生命体である自分を、宇宙の精妙なヒカリ（サトワ）で調えること。または精妙なヒカリ（サトワ）で場を満たし、相手の心身全体を調える施療です。受け取った側も、自ずと心身の本来性を取り戻し、調っていきます。

具体的には、必要な箇所に手で触れるだけで相手の身体の中の滞りが流れ、施療者のヒカリと同調します。相手は何が起きているのかわからないという場合が多く、ただ、身体の中がホワッと広がる、軽くなる、スウーッと楽になる――などの感覚だけのこともあります。施療者は特別なことをするのではなく、根源に近い、精妙で純粋なヒカリ（サトワ）を相手に写すだけ。私が16歳のとき、初めて受けた天の川銀河のシャワーも、このサトワのヒカリでした。

これは希望する方にお伝えしています。セラピスト、医師、整体師の方などが学び、実際に施術をしておられます。こうして人は豊かに、美しくなっていきます。

（終わりに）

どんな世界にいたいですか

健やかな地球《テラ》、健やかな世界、健やかな人類——私が望むのはそれだけ。根源の、宇宙の意思と同じです。

いまは、全宇宙が一斉にレベルアップをしている真っただ中。根源の顕われであるあなたのなかにも宇宙のヒカリは強烈に入っています。ですから、あなたの本質が花開くこと、あなたの大浄化（アセンション）がもう目前です。あなたに起これば、あなたのまわりにも波及します。異なった振動を持つメトロノームがやがて同じ振動を刻むように、場を共有する者同士が互いに響き合い、本質を与え合うのです。

私たち一人ひとりがみな神です。根源の願いが形となって現われたものです。根源は、姿を変えた自分である一人ひとりの人間から、その変化、体験の喜びを受け取りたいと願っています。根源の願いは、湧き立つ思いとなって、私たちのなかにも生じています。根源と私たちは常に響き合い、その願いはいつも内にあります。私たちが感じる純粋な感動や願いは、根源のそれなのです。内にあるその思いが花開けば、あなたの望みは叶えられます。

この世は鏡だと言いましたが、その鏡に映ったものが歪んでいたらどうでしょう。地球《テラ》が自分本来の軌道を思い出して元気になったように、私たちもその歪みを正し、本来はヒカリであったことを思い出しましょう。根源、ヒカリ——それが神です。神は外にではなく、内にいます。私たちはそれを思い出し、そこに目を向けましょう。

神のまたの名を愛と言います。みんな愛の海の中にいます。一人ひとりが愛そのものなのです。それに気づき、その感受を拡げていくこと。それが一人ひとりのアセンションです。あなたが、どういう世界にいたいのか。決めるのは、あなたです。

どんなきっかけでもいい、自分の根源、ヒカリを思い出してください。あなたを開いてください。あなたの心を、あなたの身体を、あなたの全てを開いてください。

目に入る景色が、たとえ苦しみ、悲しみ、妬み、憎しみに見えたとしても、あなたのなかにある愛に目を向けてください。あなたのなかに灯る明りを見つけてください。それは、ずっとずっとそこにあるからです。その明りを大きくしてください。いま、その明りがポッ、ポッと増えています。その明りを増やして、あなたのまわりを照らしてください。

ほんの少しだけでいい、「愛おしい」を思い出してください。

ただただ愛おしい。それをあなたは知っています。

いつでも、いらしてくださいね。いつでも大歓迎。

私はこう言って、あなたをお迎えします。

「お帰り。よく帰ってきたね。ごはん食べよう……」（おわり）

岡田多母

（オマージュ）

あれから24年

加藤千香子

私は横浜にある「文教堂」という本屋が好きで、24年前のその日もプラプラとフロアを回遊していました。ある本のカバーの絵がパッと目に飛び込んできました。『愛しのテラへ』という1冊。藍色のバックに、金の縁取りの円が重ねてデザインされています。

……なんだろう、これ？（この本を絶対に読まなければならない）なぜかそう感じ、中身を確認することもなくそのままレジに持って行きました。

内容は難解でした。理解できたところはほとんどないと言ってもいいほど。でも最後まで読みおえました。（この人に会わなければ）という思いが残りました。奥付にあった連絡先に電話し、数日後、出かけて行きました。私の住んでいる鎌倉からタモさんのいる秩父までは電車で3時間半。遠いはずが、あっという間。

（オマージュ）

あれから24年。あの日購入した本は、文教堂のカバーをかけたまま、手もとに大事に置いて、ときどきぱらぱら見ています（内容はいまだに難しい）。

そう、タモさんと出会って24年たった。24年といえば、生まれた子どもが成人する時間。小さなタネが芽を出し、枝葉を伸ばし、花をつけ、実をつけるように、私はゆっくりとゆっくりと育てられました。

出会ったころ、私はタモさんにあれもこれもなんでも聞きました。「なんで？　どうして？」母親に尋ねる幼子のように、私は臆せず聞きました。タモさんはなんでも知っていて、面倒がらずに答えてくれました。そうやって私は、少しずつタモさんを信頼していったのだと思います。

タモさんと多くの時間を過ごし、話をたくさん聞きました。そのときは「なるほど、そういうことか」と思うのですが、あとで思い返すとわからなくなっている。言葉を聞いてわかった気になるのと、本当に自分のものになるのは違うんだな、とわかりました。それでも繰り返し繰り返し聞きました。タモさんが人と接するときの言葉や態度から教えてもらったこともたくさんあります。本当に少しずつ、じわじわと、大切なことが自分の身体に沁み込んでいったように思います。

数年たったころでしょうか、（もうこれ以上聞くことはないかな……）と思ったとき、タモさんは「もうあなたには質問は許さない」と言いました。

お腹がいっぱいになった子どものように、満足していたのを覚えています。


若いころから、私は母と波長が合わず、いつもケンカばかり。タモさんと会ってどこか心が満ちたのか、私は「タモさんが私にしてくれたように、母に触れてみよう」と思いました。かんたんではなかったけれど、少しずつ、少しずつ。

すると母もまた、祖母に満たしてもらえなかった何かを抱えていたのだということがわかりました。そうして反発し合う母子関係から、温かなそれへと徐々に変わったのです。母は3年前に他界しましたが、母とのその思い出は今も私のこころを温めてくれています。

私は母と和解したのではなく、世界と和解したのだと思っています。タモさんを信頼することで、全てを信頼することを覚えたように。

そうやってタモさんを信頼しはじめた私は、少しずつまわりの人々を信頼することを覚えました。私は子どものころから、人見知りで引っ込み思案。積極的に人と交わることは得意ではありませんでした。いまでもそれは変わっていないのですが、それが悪いとも思っていなかったのです。他人を信頼するとは、恥ずかしいことでも損することでもないと知りました。自分にたくさんの面があるように、他の人にもたくさんの面があることを知るようになったせいでしょうか。

この間、タモさんに言われて驚きました。

「チカは、嘘をつかなくなったね」

え⁉　とびっくりしたものの、思い出したのです。私は、嘘つきでした。

子どものころ、友達に「朝ごはん何食べてきた？」と聞かれ、私はとっさに「トーストにイチゴジャムだよ」と答えたことを今でも覚えています。本当はごはんに納豆だったのに。そんな他愛もない嘘をいつも平気でついていました。人を傷つけたり、だまそうとしていたのではないけれど、身のまわりの生活のことでは、小さな嘘をいつもついていた。どうしてだろう。自分を守ろうとしていたのかな。

そう言われて、会ったばかりのころ、タモさんに言われたのを思い出しました。

「嘘つきは嘘をつく。泥棒は泥棒をする。それは当たり前。でも、チカは嘘つきじゃないんだから、嘘をついてはいけないよ」と。

「ええー？　だってあの人もこの人も、嘘ついてるのに！」

「人は、人に言えないことがあると、嘘をつくんだよ」とタモさんは言いました。

そう、私はずっと言いたいことが言えなかった。自分の想いを口にすることができず、心にいっぱいため込んでいました。口で言えないから、絵を描いたり、布を織ったりして、自分のことをなんとか表わそうとしていたのかもしれません。そのときの気持ちはもうリアルに思い出せなくなったのですが……。

嘘をつくのが当たり前だったことを、すっかり忘れていました、タモさんに言われるまで。今は、嘘をつかなくなっているから、もともと嘘なんてつかない人間だと思い込んでいたんだな。ゆっくりと変わっていったから、自分が昔からそうだったかのように錯覚していたんだ。


タモさんは人の病気が見える。けれど治さない。

透視もできる、未来や過去もわかる。でも、必要がなければ言わない。

まわりの願いを叶えている。初対面の人からの相談、同じように古くからの仲間の話を聞く。待っている人がいれば、自分の時間を削って話をする。でも、彼女自身がしたいことは、何ひとつしていません。というより、したいことはないのかもしれません。

不思議な能力をいくつももっているけれど、タモさんが私にしてくれたのは難しいことではなく、誰にでもできることだったように思います。そばにいてくれること。おいしい料理を作ってくれること。時間をかけて信頼をつくること。大笑いさせてくれること。

一番はじめに教わったのは食事。ごはんと味噌汁を中心とした和食。それが大事なことだと、お米の炊き方から教えてくれました。タモさんの料理は、食材のいのちとその味を大切にします。あまり調味料を使わないのに、お腹はもちろん、こころもいっぱいになるのです。だんだんと身体が鎮まり、調っていく。こころの穏やかさに繋がっていく。

毎日の小さな積み重ねが明日を変える。急に大きく変えることはできない。タモさんから教わったそれを調えることで、心は鎮まっていきました。そんななかで、私は超能力を得たのではなく、日々の小さな積み重ねの大切さを知ったのです。嘘をつかないということがどういうことか、ゆっくりと沁みていった。生まれたばかりの赤子が成人するくらいの時間をかけて。

そんな24年間。子は、親を見て育つ。見てきたように、生きていくのです。自分もまた、両親を見て育ち、見てきたように生きてきたように。

私はタモさんをずっと間近に見てきました。私が見てきたもの、受け取ったもの。そのほんのかけらだけでもいいから、それを大事にしてこの先を生きていこうと思います。気がつくと、その継続が大きな木に成長したと感じているからです。タモさん、ありがとうございます。これからが私の真剣勝負です。（かとう・ちかこ）

岡田多母（おかだ・たも）

1956年埼玉県秩父市に生まれる。別の人生の記憶がぼんやりとあったせいか、幼少のころから「どこか違う所に来た」という違和感が付きまとう。それがはっきりしたのが小学校3年生。「アイル」という名前で生きていた過去世を、「ミツ」（女性）だった過去世を思い出す。長ずるにつれ、不思議な出来事が続き、自分のなかに、神通、霊視、お筆先などの能力があることを知る。そのままの自分を受け入れて生きると肚をくくる。以来、アイル、ミツ、岡田多母の３者が統合された「地球《テラ》の語り部」として時代を見つめている。「自然法を生きる」「和然講和」（日本の吉祥／ヤマト観相学）「語り部講座」（思いを伝えるヤマト言葉／言霊）「空のお稽古」（日本の暮らしと和膳）「光《コ》+《ト》波《ハ》ESP 育成コース」「祈りと瞑想」などの講習会、セミナーを主宰している。著書に『愛しのテラへ』『ヘソの話』（共に風雲舎刊)など。問い合わせ：アイ企画（E-mail info-public@ai-kikaku.co.jp）

天人《あまひと》に還る

初刷　２０２４年１月３日

著者　岡《おか》田《だ》多《た》母《も》

発行人　山平松生

発行所　株式会社 風雲舎

〒２０２-００２２ 東京都西東京市柳沢３-４-５-５０１
電話　〇四二-四五二-三八二七
ＦＡＸ　〇四二-四五二-六四二四
振替　〇〇一六〇-一-七二七七七六
URL　http://www.fuun-sha.co.jp/
E-mail　mail@fuun-sha.co.jp

ＤＴＰ　中井正裕
印刷　真生印刷株式会社
製本　株式会社 難波製本

ISBN978-4-910545-05-9

風雲舎の本

釈迦の教えは「感謝」だった
――悩み・苦しみをゼロにする方法

小林正観

「自分の思いどおりにならない」……人間の悩み、苦しみの原因はここから来ます。どうすればいいか。釈迦の答えは「受け容れなさい」だった。苦を手放すと「ありがとう」になります。

四六判並製◎[本体1429円+税]

淡々と生きる
――人生のシナリオは決まっているから

小林正観

平然と生きる、淡々と生きる。
正観さんの遺書。最後にたどり着いた、澄み切った境地。

四六判並製◎[本体1429円+税]

いい場を創ろう
――「いのちのエネルギー」を高めるために

（帯津三敬病院名誉院長）帯津良一

いい家庭があるか、いい友達がいるか、
いい学びの場があるか……
あなたは、いい場で生きているか。病も人生もそれ次第です。

四六判並製◎[本体1500円+税]

白隠さんの『延命十句観音経』を読む 汝のこころを虚空に繋げ
――虚空はいのちだから――

（帯津三敬病院名誉院長）帯津良一

太陽系、銀河系をはるかに超えた虚空。そこに繋がると、なぜ生きているか、何をしたいか、が見えてきます。

四六判並製◎[本体1500円+税]

麹のちから！
――麹は天才です。

（100年、麹屋3代）山元正博

食べものが美味しくなる、身体にいい、環境を浄化する、ストレスをとる。
毎日、塩麹をとっていますか？

四六判並製◎[本体1429円+税]

風雲舎の本

釈迦の教えは「感謝」だった
——悩み・苦しみをゼロにする方法

小林正観

「自分の思いどおりにならない」……人間の悩み、苦しみの原因はここから来ます。どうすればいいか。釈迦の答えは「受け容れなさい」だった。苦を手放すと「ありがとう」になります。

四六判並製◎［本体1429円＋税］

淡々と生きる
——人生のシナリオは決まっているから

小林正観

平然と生きる、淡々と生きる。
正観さんの遺書。最後にたどり着いた、澄み切った境地。

四六判並製◎［本体1429円＋税］

いい場を創ろう
——「いのちのエネルギー」を高めるために

（帯津三敬病院名誉院長）帯津良一

いい家庭があるか、いい友達がいるか、いい学びの場があるか……
あなたは、いい場で生きているか。病も人生もそれ次第です。

四六判並製◎［本体1500円＋税］

白隠さんの『延命十句観音経』を読む
汝のこころを虚空に繋げ
——虚空はいのちだから——

（帯津三敬病院名誉院長）帯津良一

太陽系、銀河系をはるかに超えた虚空。そこに繋がると、なぜ生きているか、何をしたいか、が見えてきます。

四六判並製◎［本体1500円＋税］

麹のちから！
——麹は天才です。

（100年、麹屋3代）山元正博

食べものが美味しくなる、身体にいい、環境を浄化する、ストレスをとる。
毎日、塩麹をとっていますか？

四六判並製◎［本体1429円＋税］